『十四五』时期国家重点出版物出版专项规划项目

印度佛像服饰史

费泳 编著

长江出版传媒 湖北美术出版社

目录

引 言

印度河和恒河孕育的古印度文明，影响了南亚、东南亚，以及这以外的广大地区。中国受古印度文明影响最大的主要是佛教，佛教诞生于古印度，两汉之际传入中国，中国人逐渐接受了这一外来宗教之后，却并没有墨守成规。在佛教艺术上最具典型性的代表，即在五世纪末兴起的“秀骨清像、褒衣博带式”佛像，体现了中国文化对外来文化的改造，同时也发展了古印度原初的造像样式。

本书考察的是古印度佛像服饰，也关注印度佛教文化圈内南海诸国的佛像，目的是追溯中国佛像服饰的源流。

在南亚次大陆，自古至今，都有以一块长方形大布遮蔽身体当作服饰的习俗，男子着多提（Dhoti），女子着纱丽（Sari）。古希腊有齐通（Chiton）和西马甸（Himation），二者展开也均是一块长方形大布，男女都穿，只是齐通对大布

图 I 在印度贝拿勒斯拍摄的老人

略有缝制。古罗马有托加（Toga），是一块半圆形的大布，通常为男子披着。至于古印度和古希腊以长方形大布作服饰，是否存在传承上的关联，仍是一个有待深入考察的问题。今天我们在印度仍能看到以一块大布作衣的情景（图Ⅰ）。佛教戒律中，沙门服饰多为长方形的大布，影响到佛像服饰也大多如此（图Ⅱ）。

图Ⅱ 犍陀罗佛像

古印度早期佛像，明显存在两个系统，分别以犍陀罗和秣菟罗为代表，犍陀罗佛像风格写实，受古希腊雕塑影响，佛衣样式多为通肩式，佛衣种类在袈裟之外出现僧祇支，系沙门衣着中的“五衣”一脉。秣菟罗佛像风格具有较强的程式化和印度本土特色，佛衣样式多为右袒式，佛衣种类不出“三衣”。僧祇支始终未出现在次大陆萨特累季河、印度河以东的区域内，以及南亚斯里兰卡（旧称师子国）和东南亚南传佛教国家和地区。而创自中国的几乎每一款佛衣样式，都出现僧祇支。这是一个值得进一步关注的现象。

考察佛像过程中，佛衣是除体貌特征[1]外，最具识别性的特征，是判别佛像时代、地域属性的重要依据。人们通常会以佛衣的风格或样式来命名和界定佛

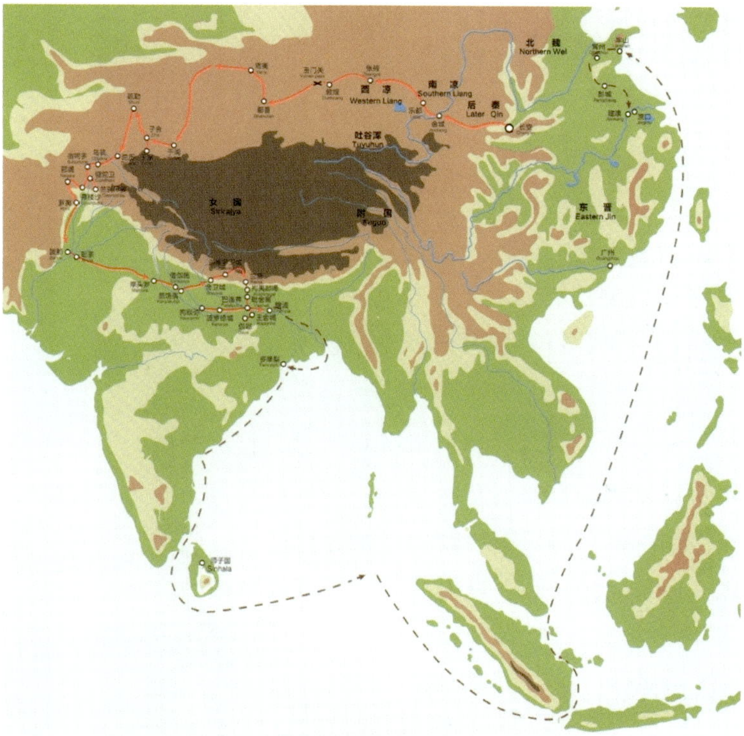

图Ⅲ 法显西行图

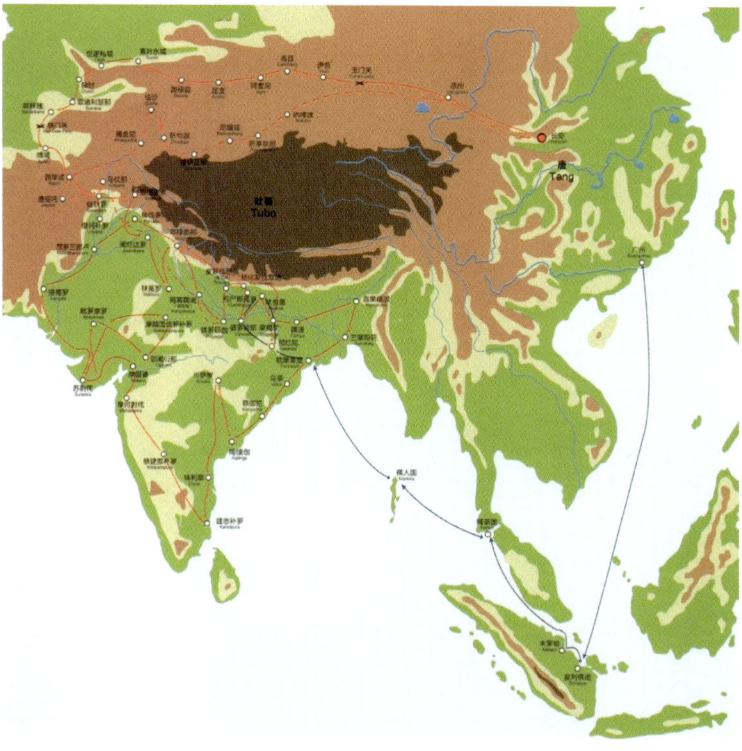

图Ⅳ 玄奘、义净西行图

像类别，如天衣派、湿衣派、右袒式、通肩式等。

佛衣的样式、种类、具体披着方式，关系到不同地域间佛教艺术如何相互影响和传播，同时也反映出佛像的历史发展变化，因此，认识佛衣是辨识佛像重要的基础性工作。

印度历史，无论是宗教情况，还是政治情况，均少有文字记载。佛教由盛趋衰，在发展了一千五六百年之后，在印度绝迹。[2]认识佛像服饰，只有从考古出土的实物资料、中国高僧西行求法的记录[3]（图III、图IV）及南传佛教的史料中知其概略。

认识佛像的衣着样式和具体构造，仅仅依据佛像实物是不够的，塑像只能提供着衣的外貌特征，难以对其进行衣着内在构造及全方位的考察，需要将实物考察与文献研究相结合。这里的文献，主要指佛祖释迦牟尼生前为自己和沙门弟子着衣订立的规制，这些规制成为佛教戒律的一部分，也是认识佛像衣着法式的文献依据。

注释：

1. 佛祖的体貌特征，有“三十二相”和“八十种好”。
2. 季羡林：《季羡林文集》第七卷，江西教育出版社，1998，第301页。
3. 中国高僧游历古印度的行记，特别是玄奘的《大唐西域记》，对古印度地理、历史、政治、宗教有详细记载，成为西方学者对古印度佛教文明遗迹进行发掘和研究的指导性读物，对研究古印度佛教及艺术的作用和贡献，是不可估量的。另外，义净的《南海寄归内法传》等著作也涉及诸多佛教服饰问题。

第一章

佛像服饰源自僧人服饰

《五分律》中对佛着衣有明确表述——“时优波离问佛：‘世尊！几种衣应受持？’佛言：‘三衣应受持。’”[1]

唐道宣《四分律删繁补阙行事钞》中引用《增一阿含经》云：“如来所着衣名曰袈裟。”

另据《四分律》载释迦对所置三衣的表述，“过去诸如来，无所着，佛弟子，着如是衣，如我今日。未来世诸如来，无所着，佛弟子，着如是衣，如我今日”。

在释迦看来，过去佛和未来佛当不受服饰的拘泥，或曰“无所着”，而释迦本人及他的当世弟子和后世弟子均应以三衣作为法服。如此，佛像以三衣作为佛衣是有根据的，只是在具体表现中，三衣并不仅限于释迦佛，而是推及几乎所有三世佛[2]。

佛像服饰和沙门服饰本属两个范畴，两者的关联也未有相应文献的支持，但从另外两个渠道可以获知二者存在密切的关联。其一，佛像的产生时间一般认为是在公元1世纪前后，而佛教的创立者释迦牟尼则在公元前5、6世纪已为自己及弟子们制定了着衣法则，内容被弟子们辑入佛教律典，其中规定佛祖释迦牟尼着衣名为袈裟，并要求弟子们着衣与之相同。这样，以袈裟用作服饰，佛祖和弟子们是一致的，研究佛像的衣着问题必须从沙门服饰规制中去探求。

其二，既然从理论层面可以证明，释迦牟尼佛与其弟子服饰关系密切，那么实际造像中，释迦牟尼佛与其他身份的佛像，在着装上是否也同样遵循律典规制中的着衣法式呢？查看印度、中国、朝鲜半岛、日本等地佛像实物，无论表现的是佛传故事中的释迦像，还是单体或多佛组合的佛像衣着，大都与律典中沙门弟子着衣规制相印合。这些佛像在着衣上均保持基本共同点，即上身披着袈裟，下身着裙。虽无法从服饰构造角度对这些佛像身份作图像学的区分，却也从实际应用层面证明了研究佛像服饰联系律典规制的可行性。[3]

释迦牟尼最初为自己和弟子制定的法服，就是三衣，可理解为三件袈裟，着衣方式无非通肩、右袒二式。若据此考察佛像的衣着，问题也就单纯了。但实际情况远非如此，佛教在传播过程中，受自然环境、气候条件及文化习俗差异的影响，导致人们对律典的理解和执行情况存在区别，不同地区的沙门服饰不尽相同，这些都会对佛像着衣种类、样式、披着方式产生重要影响。

古印度地处南亚次大陆，纬度跨度较大，不同地域佛像风格，除了可能受到不同地缘政治等因素的左右以外，也能体现地域对文化形成的影响。例如，犍陀罗地区佛衣相对较厚及佛衣种类的增加，与秣菟罗、萨尔那特、斯里兰卡及东南亚地区佛像一以贯之的薄衣贴体特征相比，显示出高低纬度间自然环境的冷暖差异。

仅就古印度而言，佛衣种类已不仅限于三衣，僧人的其他服饰也融入其中。因此，认识古印度佛像服饰，需要更深入地认识释迦为释门制定的着衣法规。

第一节　佛说沙门服饰规制的不同经文版本

佛教教义和戒律最初均以释迦口述的方式来表达，没有文字记录，人们也就容易对其创立的原教旨产生理解上的偏差，于是释迦逝世数月后，佛教史上有了第一次结集。由僧众推举擅长记忆和戒律的比丘诵出经藏和律藏，以此作为僧人共同遵守的准则。此次结集总结出了律藏《八十诵律》[4]，惜原本已佚。

佛灭百年后，有关戒律的纷争又起，遂导致第二次结集。此次结集看似因为古印度东方跋耆比丘与西方耶舍比丘之间的琐碎小事之争而起[5]，实则体现了古印度东西方僧人生活习俗上的差异给戒律的统一性带来的冲击。这次结集导致了原来统一的佛教分裂，佛教因此进入部派佛教时期（约公元前 4 世纪至前 1 世纪）。

现存律藏均是部派佛教的产物，由于各部对律藏内容取舍不一，遂有较早的五部律的产生，其中北传汉译四部律藏分别是：昙无德部律（《四分律》）[6]、萨婆多部律（《十诵律》）[7]、弥沙塞部律（《五分律》）[8]、婆蹉富罗部律（《摩诃僧祇律》）[9]，另有迦叶维部律，但律本未传入汉地。[10] 四部律本在晋宋之际传入内地，并被译成汉文，此外，唐代由义净从印度带回并翻译的《根有部律》[11]，南传律藏《铜鍱律》[12] 虽未传入内地，但因其为斯里兰卡、缅甸、泰国、柬埔寨等南亚、东南亚南传佛教国家所遵行，而这些国家又被视为恪守律典最严谨的地区，须当重视。[13]《根有部律》为藏传佛教所奉行。除律典部分外，中国历代律师高僧对律典中有关沙门服饰的阐述，以及玄奘、义净西行实考获得的有关古印度沙门践行律典的记载，也均是研究古印度佛像服饰发展变化的重要资料。

第二节　三衣（袈裟）、五衣的产生

释迦当初为自己和弟子们只订立了三衣，作为规制中的沙门法服，又称制衣。但释迦考虑到僧尼的切实需求，又听许他们增设了一些服饰种类，即听衣。各部律典对听衣种类的阐述不尽相同，大体都是在原有三衣基础上新增二衣，所以沙门服饰又有五衣说（律典中三衣、僧祇支、裙的概念及披着关系，详见第二章第四节）。理论上讲，研究佛像衣着只应涉及三衣，但实际上属于听衣范畴的一些服饰，也被应用在了佛像的表现上，成为研究和认识佛像服饰必须考察的内容。

一、三衣

佛门中袈裟（Kasaya）又被称作三衣，“袈裟”是音译名，意为不正色，这里所谓的不正色，指袈裟颜色不得用纯粹或光鲜的色相，而须染成明度较为灰暗的“坏色”，具体有青、黑、木兰三色。后人亦将袈裟用作佛衣或佛家弟子衣着的代称。三衣是从衣之数量得名，在沙门服饰中属制衣范畴，是必须置办的法服。

有关释迦缘何选择三层袈裟护身，各部律典表述相似，《十诵律》云："既到会值冬节，八夜寒风破竹，佛时着一割截衣，初夜空地经行。初夜过中夜来，佛身寒，告阿难持第二割截衣来，阿难即取衣授佛，佛取衣着，中夜空地经行。中夜过后夜来，佛身寒，告阿难持第三割截衣来，阿难即授衣，佛取衣着空地经行。佛思惟诸比丘尔所衣足，是夜过已。佛以是因缘集僧，集僧已告诸比丘，从今听三衣，不应少，不应多，若少畜，得突吉罗罪[14]，若多畜，得尼萨耆波逸提罪。"[15]

释迦通过亲历寒夜，经体验得出，储三层衣可抵御冬天的寒冷，并以此制定教规颁布给众僧尼。如此，佛在规定释门着三衣的同时，也规定了三衣中不许多置一件，也不可少于三件，否则均会因违制而获罪。这有助于认识佛教艺术中佛像着衣数量的表现，即袈裟不得多于三件。

释迦虽将沙门袈裟限在三层，但对每层袈裟厚度的规定相对灵活，《四分律》："听诸比丘作新衣，一重安陀会、一重郁多罗僧、二重僧伽梨。若故衣，听二重……若粪扫衣，随意多少重数。"《十诵律》的表述与之相同。《摩诃僧祇律》对用作三衣制作的新衣料厚度要求也与之相同，而在对用作三衣制作的旧衣料厚度未作限定，即所谓"若性不堪寒者，听弊故衣，随意重纳"，这条规定兼顾了弟子们不同的抗寒能力。

有关三衣以何外貌示人，释迦牟尼确立为田相。律典对三衣这一特征的产生多有描述，时释迦与弟子阿难行走到形制规整的一片稻田旁，佛问阿难，能否将三衣做成田相，阿难基此思路制成田相法衣。法衣得此外观的直接效果是，将佛家弟子与外道相区别，同时可规避盗抢之险，也寓意了佛门如贮水育苗之功德。

三衣均是由世俗旧衣经裁割，重新缝制为纵横相间的稻田相，所以又称割截衣或纳衣。佛教律典中的沙门服饰，除厥修罗（一款类似筒状裙的沙门服饰）外，多为一块展开的长方形大布。具体制作时三衣田相的分割密度互不相同（见表 1-1），大体是外层衣较内层衣田相数量多，所以三衣也有依据田相中条块分割数量的称谓，如：大衣（二十五条）、七条、五条，分别对应僧伽梨、郁多罗僧、安陀会（图 1-1、图 1-2、图 1-3）。

表1-1 三衣田相割截法

		纵向条块分割数	条块横向分割数
大衣（僧伽梨）	上品	21、23、25	四长一短
	中品	15、17、19	三长一短
	下品	9、11、13	二长一短
中衣（郁多罗僧）		7	二长一短
下衣（安陀会）		5	一长一短

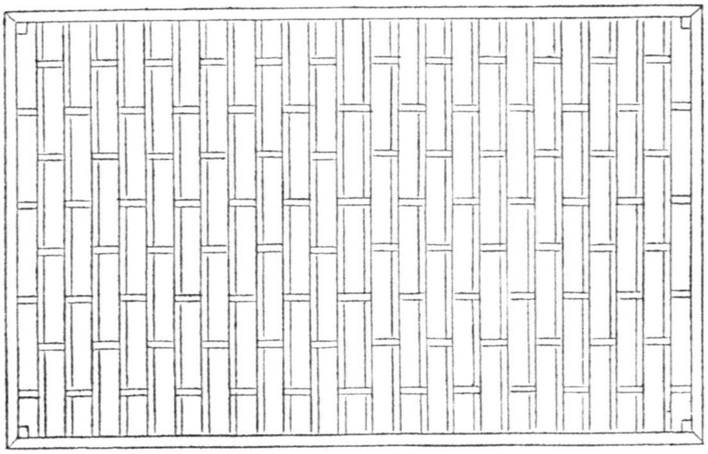

图1-1 僧伽梨二十五条（大衣）

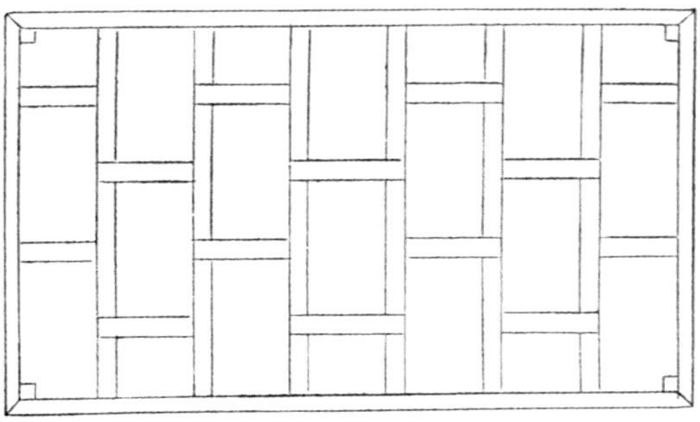

图1-2 郁多罗僧七条（中衣）

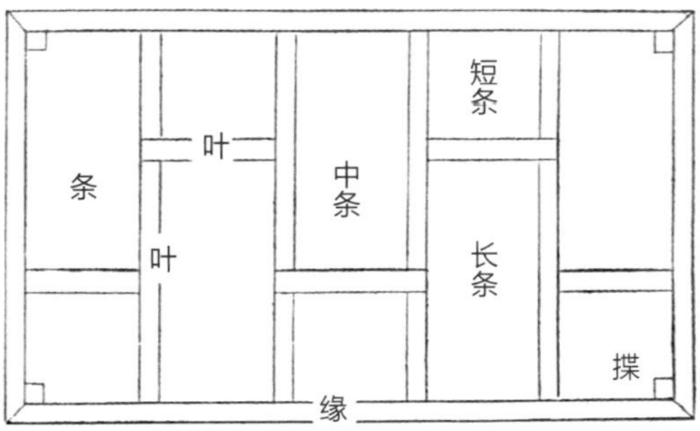

图1-3 安陀会五条（下衣）

二、五衣

五衣包含三衣和听衣。听衣，是三衣之外释迦考虑到弟子们的实际需求，听许沙门置办的服饰，各部律藏对听衣内容表述不尽相同，依照功能概括，这些服饰分别为：1. 比丘尼用来遮胸所穿的覆肩衣；2. 僧尼洗浴时所穿的水浴衣；3. 僧尼身体受创时所穿的覆疮衣；4. 僧尼为上身遮羞所穿的僧祇支；5. 僧尼为下身遮羞所穿的涅槃僧。这些服饰虽有不同名称，但形制均为尺寸大小不一的长方形大布，因此沙门僧尼着装除去三衣说，还有五衣说，五衣也成为僧尼受具足戒[16]必须拥有的服饰。

第三节　三衣、五衣的多种称谓

佛教律典中的三衣，由内而外三重穿着，音译名分别是安陀会、郁多罗僧和僧伽梨。三衣别称很多（见表 1-2），本书后续论述中取其音译名或元照《四分律行事钞资持记》[17]中的“下衣、中衣、大衣”之说。

表1-2　三衣及其别称表

	安陀会	郁多罗僧	僧伽梨	各部律典
三衣及别称	五条	七条	大衣	周敦义《翻译名义集》
	中着衣	上衣	众集时衣	周敦义《翻译名义集》载《菩萨经》
	下衣	中价衣	杂碎衣	元照《佛制比丘六物图》
	下衣	中衣	大衣	元照《四分律行事钞资持记》
	下品衣	中品衣	上品衣	子璇《金刚经纂要刊定记》
	下品服	中品服	上品服	《金刚般若经疏》
	内衣	上衣	复衣	道宣《四分律删繁补阙行事钞》
备注：1.上表所列服饰，由左而右，即由内而外披着次序。2.安陀会、郁多罗僧、僧伽梨为音译，各部律典音译略有不同。				

五衣说，各部律典表述不尽相同：

一者：三衣 + 覆肩衣 + 水浴衣（出自《五分律》）

二者：三衣 + 僧祇支 + 覆肩衣（出自《四分律》）

三者：三衣 + 覆肩衣 + 雨衣（出自《摩诃僧祇律》）

四者：三衣 + 覆肩衣 + 俱修罗[18]（出自《十诵律》）

五者：三衣 + 僧祇支 + 涅槃僧（出自《根有部律》）

中国高僧西行古印度实地考察获得的认识是，天竺沙门法服五衣应是三衣+僧祇支+涅槃僧（裙），玄奘（602 — 664）《大唐西域记》载："沙门法服唯有三衣及僧却崎、泥缚些（桑个反）那。……僧却崎（唐言掩腋，旧曰僧祇支，讹也）覆左肩掩两腋，左开右合，长裁过腰。泥缚些那（唐言裙，旧曰涅盘僧，讹也）既无带襻，其将服也，集衣为褶，束带以绦。"义净（635 — 713）在其《南海寄归内法传》中记载："准如律说，尼有五衣，一、僧伽知；二、嗢呾罗僧伽；三、安呾婆娑；四、僧脚崎；五、裙。四衣仪轨，与大僧不殊，唯裙片有别处，梵云俱苏洛迦[19]。"

义净亲历所见尼衣与僧衣没什么差异，只是尼着裙是经缝合而成的筒状裙，又称俱修罗。

玄奘和义净西行考察所获得的五衣认识是一致的，这一认识也被学术界用作考察佛衣种类及名称的基本依据。

第四节　三衣的用材和用色

一、三衣的用材

律典规定，沙门三衣不允许用现成的新布料制作，而是用世人施舍或废弃之衣，经改造制成，粪扫衣又是三衣制作中最差的材料。《四分律》将粪扫衣归为十种：牛嚼衣、鼠啮衣、烧衣、月水衣、产妇衣、神庙中衣、若鸟衔风吹离处者冢间衣、求愿衣、受王职衣、往还衣。

佛教律典中对沙门三衣用材的规定，大致分作"不可用"和"可用"两个部分，其中"不可用"部分内容较为庞杂，这里不予展开，"可用"部分，各部辑录内容不尽相同，《四分律》、《十诵律》及《五分律》均列有十种，名“十种衣”，《摩诃僧祇律》列有七种，《铜鍱律》列有六种，分别摘引如下：

《四分律》十种衣：拘舍衣、劫贝衣、钦跋罗衣、刍摩衣、叉摩衣、舍兔衣、麻衣、翅夷罗衣、拘摄罗衣、傺罗钵尼衣。

《十诵律》十种衣：白麻衣、赤麻衣、刍麻衣、憍施耶衣、翅夷罗衣、钦跋罗衣、劫贝衣、钵兜路衣、头头罗衣、俱遮罗衣。

《五分律》十种衣：长衣、劫贝衣、钦婆罗衣、俱舍耶衣、刍摩衣、刍弥衣、婆舍那衣、阿呵那衣、瞿荼伽衣、麻衣。

《摩诃僧祇律》七种衣：钦婆罗衣、劫贝衣、刍摩衣、俱舍耶衣、舍那衣、麻衣、躯牟提衣。

《铜鍱律》六种衣：驱磨衣、劫贝衣、高世耶衣、钦婆罗衣、婆那衣、婆伽衣。

各部律藏所列衣材均涉及麻布（khoma 刍摩衣〈麻布〉、sāna 婆那衣〈粗麻布〉、bhanga 婆伽衣〈大麻布〉）、棉布（kappāsika 劫贝衣）、绢布（koseyya 高世耶衣）、毛布（kambala 钦婆罗衣）四类。另外，所有世俗衣物（律中称“白衣”[20]）均不能直接用于沙门穿着，而须经改造成三衣后方可披着。[21]

律中对三衣用材，存在前后讲述不甚一致的地方，如《四分律·衣揵度之二》及《十诵律·衣法上》中就有释迦对比丘蓄鸳毛衣、鸡翅衣、人发、马毛、牦牛尾、钦婆罗衣等均持反对态度。而《四分律》和《十诵律》中所列沙门可蓄的十种衣又包括了钦跋罗衣（毛布）和翅夷罗衣（鸟毛布）。

释迦为沙门制定的衣材中，虽含有生物材料，却均属世人废弃、施舍之物，原教旨的朴素情怀是显而易见的，并且，天竺沙门仍主要以棉布作为袈裟面料。

唐道宣《律相感通传》：“自佛法东传，六七百年，南北律师曾无此意，安用杀生之财，而为慈悲之服。”“古昔周朝（北周）老僧咸着大布衣。一生服一补者，咸本乃至重二三斤者。复见西来梵僧，咸着布氎。具问，答曰：五天竺国，无着蚕衣。”

宋赞宁《大宋僧史略》记载：“案汉魏之世，出家者多着赤布僧伽梨。盖以西土无丝织物，又尚木兰色并乾陀色故，服布而染赤然也。”

道宣和赞宁的记载，均显示印度僧人三衣用材皆为棉布，而不用动物属性的面料。

所以道宣（596 — 667）的《四分律删繁补阙行事钞》[22]，对明确沙门三衣的实际用材有所助益。文中道宣认为法衣“必须厚重熟致者，若细薄生疏绫、罗、锦、绮、纱、縠、细绢等，并非法物”，并且“一切生疏毛发、树皮衣、草衣、皮衣并不成”。此外，有关印度沙门实际所用的三衣材料，印度在释迦制定戒律之时，其本土野蚕丝可能已渗入用作三衣衣材，然当不盛。由于印度盛产棉花，少有蚕丝，所以其本土僧人仍多服棉布三衣。

二、三衣的用色

律典中没有明确释迦的着衣颜色，只有释迦对弟子袈裟颜色的规定。

1. 律典中有关袈裟用色的表述

晋宋之际和唐代传入汉地的五部律藏及南传律藏，对袈裟用色均有规定，内容大体相似，但仍存在差异，今将各部律藏相关内容摘引分析如下。

《摩诃僧祇律》：“若比丘得新衣，当三种坏色，若一一坏色：青、黑、木兰。若不作三种，一一坏色受用者，波夜提。”

“青者，铜青、长养青、石青。铜青者，持铜器，覆苦酒瓮上，着器者，是名铜青。长养青者，是蓝淀青。石青者，是空青。”

“黑者，名字泥、不名字泥。名字泥者，呵梨勒（植物名）、毗醯勒（植物名）、阿摩勒（植物名），合铁一器中，是名名字泥。不名字泥者，实泥、若池泥、井泥，如是一切泥。”

“木兰者，若呵梨勒、毗醯勒、阿摩勒，如是比生铁上磨持作点净，是名木兰。”

《十诵律》：“若比丘得新衣者，应三种色中，随一一种，坏是衣色。若青、若泥、若茜。若比丘不以三种坏衣色，着新衣者波逸提。新衣者，若比丘得他故衣，初得故，亦名新衣。”

《四分律》：“若比丘得新衣，应三种坏色，一一色中随意坏，若青、若黑、若木兰。若比丘不以三种坏色，若青、若黑、若木兰。着余新衣者，波逸提，比丘义如上，新者，若是新衣，若初从人得者，尽名新也。”

《五分律》：“若比丘新得衣，应三种色作帜，若青、若黑、若木兰，若不以三色作帜，波逸提。”

《根有部律》：“若复苾刍得新衣，当作三种染坏色，若青、若泥、若赤，随一而坏，若不作三种坏色而受用者，波逸底迦。……新衣者，有二种新，一谓衣体是新，二谓新从他得。……青者，谓青色。泥者，谓赤石。赤者，谓树赤皮。”

《铜鍱律》：“得新衣之比丘，应取三种坏色中之一坏色，即青色、泥色或黑褐色也。若比丘不取三种坏色中之一坏色而着用新衣者，波逸提。……青色者，铜青或蓝青之二种青色。泥色者，泥水色。黑褐色者，云任何之黑褐色。”

律中有关袈裟色相，多以形容、比喻的方式表述。袈裟用色，若用现在色彩学的眼光来看，多为明度较灰暗的复合色，即律中所谓的“坏色”。袈裟用色忌讳纯正、强烈，正如道宣《四分律删繁补阙行事钞》中归结：“一切青、黄、赤、白、黑五种纯色衣不得着。”律宗第十五代祖师宋代元照（1048—1116）《佛制比丘六物图》：“上色染衣……须离俗中五方正色（谓青、黄、赤、白、黑），及五间色（谓绯、红、紫、绿、碧，或云硫黄），此等皆非道相。”

上引各部律藏均对袈裟用色予以规范，其共同点是袈裟用色只能在限定的三种坏色中选取一种。而对于三种限定的坏色，各部律藏表述略有出入（见表 1-3）。

各部律藏针对袈裟用色，虽然存在表述上的差异，但本质基本相同。大致可归为青、黑、木兰三种色相。道宣和元照联系诸律及亲身感受，对此有总结性的表述。

道宣《四分律删繁补阙行事钞》：“戒本青、黑、木兰，下文广有染法。青谓铜青。黑谓杂泥等。木兰者谓诸果汁等（此翻律者北方为木兰染法，僧祇律在吴地翻以不见故），予于蜀郡，亲见木兰树皮赤黑色鲜明，可以为染。”

表1-3 律典中对袈裟用色规定的比对表

	袈裟用色		
《摩诃僧祇律》	青	黑	木兰
《十诵律》	青	泥	茜
《四分律》	青	黑	木兰
《五分律》	青	黑	木兰
《根有部律》	青	泥	赤
《铜鍱律》	青色	泥色	黑褐色

元照《佛制比丘六物图》："律云，上色染衣，不得服，当坏作袈裟色（此云不正色染），亦名坏色。即戒本中三种染坏，皆如法也。一者青色（僧祇，谓铜青也。今时尼众青褐，颇得相近）。二者黑色（谓缁泥涅者。今时禅众深黪竝深苍褐，皆同黑色）。三木兰色（谓西蜀木兰，皮可染作赤黑色。古晋高僧多服此衣。今时海黄染绢微，有相涉，北地浅黄，定是非法）。"

联系律典和道宣、元照的表述，袈裟之青色，为铜氧化后，表层呈现的铜青色。黑色，为黑泥之色。木兰色，应为一种暗红色。

2. 沙门及佛像袈裟用色

释迦规定沙门三衣用色，需在三种不正之色中任选一种，染作袈裟色。其意本在以此使沙门衣着颜色，区别于"俗中五方正色"，达到僧俗有别的目的，但在释迦去世后，随着佛教不同部派的出现，释迦起初规定的三种袈裟色又被赋予了更多的内涵。并且随着佛教东传至中土，汉地不同时期、不同地域的沙门，对法衣用色的选择也不尽相同，其中不乏有违规制的现象，宋赞宁在其《大宋僧史略》中，对此有较全面的概述：

案汉魏之世，出家者多着赤布僧伽梨，盖以西土无丝织物，又尚木兰色并乾陀色故。服布而染赤然也。则西方服色亦随部类不同，萨婆多部皂色衣也，昙无德部绛色衣也，弥沙塞部青色衣也。着赤布者乃昙无德僧，先到汉土耳。后梁有慧朗[23]法师，常服青纳。《志公[24]碑记》云：兴皇寺[25]当有青衣开士广行大乘。至朗果符其言矣。广明[26]服色，如五部威仪所服经中。今江表多服黑色、赤色衣，时有青黄间色，号为黄褐，石莲褐也。东京关辅尚褐色衣，并部幽州则尚黑色。若服黑色，最为非法也，何耶？黑是上染大色五方正色也。问：缁衣者色何状貌？答：紫而浅黑非正色也。《考工记》中：三入为纁，五入为緅，七入为缁。以再染黑为緅，緅是雀头色，又再染乃成缁矣。知缁本出绛，雀头紫赤色也。故净秀尼见圣众衣色，如桑熟椹，乃浅赤深黑也。

今秣陵比丘衣色仿西竺缁衣也。又后周忌闻黑衣之谶，悉屏黑色。着黄色衣，起于周也。……近有衣白色者，失之大甚。佛记袈裟变白不受染色，此得非是乎。或有识如法众主夺之而坏其色，真为护法有力之胜士也。昔唐末豫章有观音禅师，见南方禅客多搭白纳。常以瓺器盛染色，劝令染之。今天下皆谓黄纳为观音纳也。此师早曾听学护法为情，于今称之。

以上赞宁有关沙门袈裟记载，有一点特别值得注意，这就是：汉魏之世，西方沙门袈裟用色多为赤色（或称木兰色），与此同时，西方沙门服色，亦存在因部类不同而有所不同的现象。

唐玄奘《大唐西域记》在描述北印度沙门服饰时就有“褔则诸部各异，色乃黄赤不同”的记载。

唐义净《南海寄归内法传》记载西国天竺沙门袈裟用色状况：“凡是出家衣服，皆可染作乾陀，或为地黄黄屑，或复荆蘗黄等。此皆宜以赤土、赤石研汁和之，量色浅深要而省事。

或复单用棘心，或赤土赤石，或棠梨土紫，一染至破（坏色）。”

玄奘和义净是在初唐时期游走于印度和南海等国，仍能见到沙门多着赤布袈裟或服色随部类变化的现象。

沙门袈裟有三种色可供选择，并且发展演变成袈裟色与部派相关。但亦如义净所言，唯有赤色，是出家衣服皆可染的色。

在印度，佛像雕塑多为素面，未见色彩修饰；佛像壁画多无保存，由存世的约 5 至 6 世纪阿富汗巴米扬的一座窟龛圆盖上的曼荼罗绘画（图 1-4），及约建于公元 600 年阿旃陀第 1 窟残存壁画（图 1-5）的佛像来看，均为赤色。在中国，佛像着赤色袈裟是最为常见的，现存较早的彩绘佛像，主要见于炳灵寺（图 1-6）、麦积山和莫高窟（图 1-7），其中佛像袈裟均为赤色。

佛像在石窟寺中通常处在中心或主尊的地位，这就使得赤色与其他袈裟色相比，明显被赋予了更为尊贵的内涵。

图1-4 阿富汗巴米扬窟龛圆盖上的曼荼罗绘画

图1-5 阿旃陀第1窟壁画

图1-6　炳灵寺169窟22龛立佛

图1-7 莫高窟第272窟主尊

第五节　三衣的构造、规格尺寸

一、三衣的构造

三衣的制作，涉及浣洗、染、辗治（平整）、安缘、裁隔、编边、安纽、作叶、安钩等多项工序，最终在割截缝合而成的长方形大布上，呈现叶、缘、揲、钩、纽等构造（图 1-8）。

前文提到释迦授意弟子阿难将三衣外观做成田相。阿难在具体落实这一观念时，以“叶”示作田埂，以“条”示作田块，而“叶”正是布与布之间的重叠部分。“叶”之宽度不过四指，“叶”上针线缝合，不求工整，当以马齿鸟足形缝之。[27] 袈裟四边需修剪整齐，以窄布包裹边缘缝合，又称安缘，缘宽及缝合方法与叶相同。四角于缘内安方揲，宽五指，以助牢固，使衣之四角方正。[28]

最后，于袈裟表里两面，分别距左右两边缘八指处，施纽和钩，纽距上缘八指，钩距上缘四指。由此完成袈裟制作。[29]

“钩”和“纽”是汉地佛像服饰特有的表现形式，发生时间约在南北朝晚期。在印度及东南亚受南传佛教影响的地区，佛像衣着中均未出现钩、纽。受中国佛教造像影响的朝鲜半岛及日本，出现了给佛衣饰以钩、纽的现象。

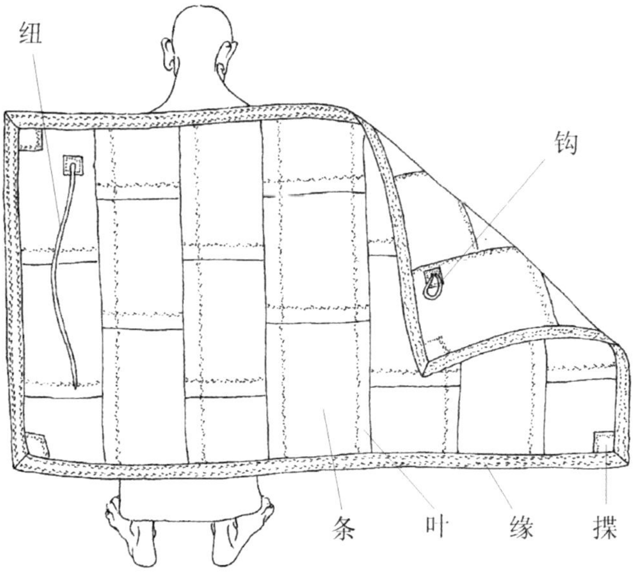

图1-8　七条袈裟构造推定示意图

对袈裟穿着何时以钩、纽相系，义净云："凡在寺内，或时对众，必无带纽及笼肩披法。若向外游行，并入俗舍，方须带纽，余时但可搭肩而已。""若欲带纽，即须通肩披已将纽内㡒，回向肩后勿令其脱，以角搭肩衣便绕颈。"[30] 文中显示，钩纽相系是释门弟子专门用来应对世俗的一种特殊装束。如使用钩纽，即需通肩披衣，钩纽需内藏于敷搭左肩的袈裟右上角之下。若按规制着衣，钩纽是得不到显现的，佛教造像中出现的钩纽，实际是一种异化规制的现象。

给三衣施钩纽可能不仅限于上方位置，律典中也讲到可以在三衣上下方各安一副钩纽，虽然这类三衣还未能在实物中见到。《五分律》："若比丘得新衣，应先浣、舒张、度量，然后裁截。截已应缝，缝已应染，颠倒晒燥。染已敷地，若欲悬，上下安纽。[31] 若僧伽梨，应如僧伽梨法畜。不得以裹诸物。优多罗僧（即郁多罗僧）、安陀会，诸受持衣亦皆如是。"

二、三衣的规格尺寸

佛经中有释迦所着袈裟衣量的表述，《摩诃僧祇律》："如来衣量长九修伽陀（如来十号之一）搩手，广六搩手"，"如来搩手长二尺四寸"。元照《四分律行事钞资持记》中云："佛身丈六，衣长丈八，广丈二。"换算为今人尺度见表 1-4。

表1－4　东晋、宋释迦佛衣规格尺度对照表

单位：厘米

	东晋佛陀跋陀罗、法显《摩诃僧祇律》	宋元照《四分律行事钞资持记》
佛衣长（合今人尺度）	528.12	552.96
佛衣宽（合今人尺度）	352.08	368.64
备注：佛有三衣，律典中只给出了一个规格尺度，而未告知另两衣尺寸数据，如此，只能视佛所着三衣的尺度是相同的。		

释迦的这个身高和衣量显然被夸大了，《摩诃僧祇律》中有比丘效佛衣衣量作衣，因衣长拖地遭人讥笑的记述，释迦因此规定“从今日后，当随自身量作衣”。

各部律藏对三衣衣量的表述不尽相同，但出入并不很大（见表 1-5）。

表1-5 律藏中三衣衣量对照表

<table>
<tr><th>三衣
律藏</th><th>僧伽梨</th><th>郁多罗僧</th><th>安陀会</th></tr>
<tr><td>《四分律》</td><td>长 276.48 厘米，宽 165.888 厘米</td><td>长 276.48 厘米，宽 165.888 厘米</td><td>长 271.184 厘米，宽 110.592 厘米</td></tr>
<tr><td rowspan="2">《五分律》</td><td>上者从覆头下至踝，舒覆左手掩令等没</td><td>中者从覆头下至半胫，舒覆左臂掩等至腕</td><td>下者从覆头下至膝，舒覆左臂掩等半肘</td></tr>
<tr><td colspan="3">该律没有给出三衣的具体尺寸，而是给出了一个如何量身定制的指标。</td></tr>
<tr><td>《十诵律》</td><td>长 276.48 厘米，宽 165.888 厘米</td><td>衣量长宽在僧伽梨和安陀会之间</td><td>长 271.184 厘米，宽 138.24 厘米</td></tr>
<tr><td>《摩诃僧祇律》</td><td>上者长 276.48 厘米，宽 165.888 厘米；中者长 266.48 厘米，宽 155.888 厘米；下者长 248.832 厘米，宽 155.888 厘米</td><td>同左</td><td>同左</td></tr>
<tr><td rowspan="2">《根有部律》</td><td>上者长 276.48 厘米，宽 165.888 厘米；
中者长宽介于上者和下者之间；
下者长 248.832 厘米，宽 138.24 厘米</td><td>同左</td><td>同左</td></tr>
<tr><td colspan="3">该律还就安陀会给出了另三款衣量，其一：长 276.48 厘米，宽 110.592 厘米。其二：长 221.184 厘米，宽 110.592 厘米。其三：“但盖三轮。”[32]</td></tr>
<tr><td>《铜鍱律》</td><td colspan="3">《齐整着三衣戒》：“披上衣应覆全圆。”[33]</td></tr>
<tr><td colspan="4">备注：1. 表中尺寸均依据元照“四肘半”为八尺一寸（宋寸度）换算成今人尺度。2.“一不舒手”之距，今以“一肘”之距（约 55.296 厘米）减去 10 厘米计。3. 古今尺度换算参见吴承洛《中国度量衡史》。</td></tr>
</table>

律宗初祖道宣在其《四分律删繁补阙行事钞·二衣总别篇》中，就各部律藏对三衣衣量规定上的差异得出的观点较为中肯："量腹而食，度身而衣，取足而已，准此无定量。任时进不，虽尔亦须楷准，故十衹中，各立三品之量。"在道宣看来，各部律藏中有关衣量的规定，只是在释迦"随自身量作衣"这一大原则下便于具体操作的小准则。

通过以上分析可以得出，释迦自己所着三层袈裟的尺寸应是相同的，并且，佛弟子由内而外所着三层袈裟，衣量或相同，或多为由内而外逐层递增。这有助于考察佛像中内层衣物的属性。

注释：

1. 佛陀什、竺道生译《弥沙塞部和醯五分律》第三分之五"衣法上"。
2. 三世佛，有竖三世与横三世说，一般认为竖三世谓过去、现在、未来三世之佛，过去佛指迦叶诸佛，现在佛为释迦牟尼，未来佛为弥勒佛。横三世是指方位上三个世界的佛，分别以东方净琉璃世界的药师佛、娑婆世界的释迦牟尼佛及西方极乐世界的阿弥陀佛为代表。小乘佛教认为，一世不能有二佛，诸佛只能佛佛相继，大乘佛教认为佛不仅在时间的纵向上有三世，且在横向又有十方诸佛世界，所谓三世十方皆有佛。参见贺世哲《关于北朝石窟千佛图像诸问题》，《敦煌研究》1989年第3期；《关于十六国北朝时期的三世佛与三佛造像诸问题（一）》，《敦煌研究》1992年第4期；《关于十六国北朝时期的三世佛与三佛造像诸问题（二）》，《敦煌研究》1993年第1期。
3. 选自林树中书评，中山大学艺术史研究中心《艺术史研究》第十四辑，中山大学出版社，2012，第525—529页。
4. 《八十诵律》的可信性为学界所肯定，由现存汉译律藏、南传律藏及藏传律藏的内容来看，规范之宗旨和大要基本相同。参见劳政武《佛教戒律学》，宗教文化出版社，1999，第42—43页。

5. 第二次结集因“十事”而起，以下摘引黄心川《印度佛教哲学》（辑入任继愈《中国佛教史》第一卷，中国社会科学出版社，1985，第523—524页）相关内容：东方跋耆族的比丘对戒律采取较自由的行动而归结为“十事”，以耶舍为首的西方比丘则认为“十事”为非法，因而引起了争论。所谓十事是：（1）角盐净（普通的食物容许第二天再吃，食盐可储蓄在角器中供日后使用）；（2）二指净（比丘原定太阳照射南中，即正午前进食，但跋耆族比丘们认为如果中午太阳的影子过二个指头〔二时程〕时进食，还可算正午食）；（3）复坐食净（吃完了，还能再坐就食）；（4）他聚落净（食后，还能到附近乡村聚落再吃）；（5）酥油、蜜、石蜜和酪净（不到时候，也能饮上述食物）；（6）饮阇楼伽酒净（比丘不准饮酒，但在有病的时候，可吃一些未发酵的酒）；（7）无缘坐具净（比丘用的坐具可随意大小）；（8）所习净（出家前所习的东西在出家后仍可学习）；（9）赞同净（僧团原规定有事需大家商量决定，不准独断专行，但跋耆族比丘认为在有些场合未经讨论决定的事情，可先做，事后再请求承诺）；（10）受畜金银钱净（比丘原规定不准接受金银财物，但跋耆比丘认为可以受畜）。
6. 昙无德部，即法藏部梵文音译。《四分律》由后秦佛陀耶舍与竺佛念等译。
7. 萨婆多部，即根本说一切有部的梵名，又译为说一切有部。《十诵律》由后秦弗若多罗与鸠摩罗什译。
8. 弥沙塞部，即化地部梵文音译。《五分律》由南朝宋佛陀什与竺道生等译。
9. 婆蹉富罗部，即犊子部。《摩诃僧祇律》由东晋佛陀跋陀罗与法显译。
10. 有关五部律的解读，学者观点不一，参见丁福保编《佛学大辞典》，上海书店出版社，1984；杜继文、黄明信主编《佛教小辞典》，上海辞书出版社，2006；及劳政武《佛教戒律学》，宗教文化出版社，1999。本文取自杜继文、黄明信分法。
11. 根有部，即根本说一切有部，或称说一切有部。《根有部律》即《根本说一切有部毗奈耶》，与《十诵律》同为根本说一切有部的广律，但二者内容不尽相同。《根有部律》唐义净译，收录于《大正藏》第23、24册中，但内容有缺失，该律自译出后至近世极少人闻问。
12. 南传佛教，学界一般倾向出于上座部分别说系传到斯里兰卡的铜鍱部，亦有观点认为属上座部系的法藏部南派。《铜鍱律》，约公元前1世纪才以文字形式流传，以巴利语书写，此律未传入内地，主要盛行于斯里兰卡及东南亚等国，收录在《南传大藏经》1至5册。汉译本1990年在台湾出版。

13. 孔雀王朝阿育王后期，佛教遍及印度全境，并分化出南传和北传两大系统，其中以克什米尔、白沙瓦为中心，向大月氏、康居、大夏、安息，以及我国于阗、龟兹传播一系称北传佛教。以斯里兰卡为基地向东南亚传播的一系称南传佛教，参见任继愈、杜继文《佛教史》，中国社会科学出版社，1991，第47—52页。
14. 突吉罗罪，戒律之罪名，译为恶作、恶说。
15. 尼萨耆波逸提罪，指聚敛衣钵等财物之罪，需经尽舍和忏悔来赎罪。
16. 具足戒，比丘、比丘尼当受的戒。受具足戒是出家人身份确立的一种标志。
17. 元照，为律宗第十五祖，其《四分律行事钞资持记》被学界认为是对道宣《四分律删繁补阙行事钞》注释最为精详的著作。
18. 俱修罗：与沙门服饰多为一块大布不同，俱修罗是一种经缝合的成衣，类似筒裙。道宣《四分律删繁补阙行事钞》："五分有着俱修罗衣者……安陀会坏，听权缝合作暂着（是类女人裙）。"
19. 义净所谓俱苏洛迦，应是俱修罗的一种音译。
20. 丁福保编《佛学大辞典》解"白衣"为："俗人之别称。以天竺之婆罗门及俗人，多服鲜白之衣故也。以是称沙门，谓之缁衣或染衣。"
21. 《十诵律》对沙门禁忌的衣着形制有较完整的概述，即"一切毛皮衣、偏袖衣、复衣；一切毡衣；一切贯头衣、两袖衣；一切绣衣；一切衫；一切袴；一切袴袴；一切裈；一切波罗弥利衣（犯戒律之衣）；一切舍勒衣（内衣）；一切白衣衣（俗人衣）。比丘不应着，若着得突吉罗罪"。
22. 《四分律删繁补阙行事钞》以《四分律》为基础，广集比丘依律行事的数典根据，以三藏文字、圣贤撰述、古师章疏为补充，是阐述《四分律》最为卓越的著作之一。
23. 慧朗，道宣《续高僧传·释僧若传》记载其为萧梁庄严寺僧。
24. 志公，即释保志。梁慧皎《高僧传》中录有《释保志传》，保志逝后碑文为王筠所作。
25. 兴皇寺是东晋、南北朝时期建康重要的佛教寺院，东晋元帝、明帝均于此招集高僧讲道。汤用彤在《汉魏两晋南北朝佛教史》中言："兴皇弟子之分布，首在长江上下游。后南盛于浙江，北盛于关中。"

26. 唐广明年号共用两年，即公元880年至公元881年7月。

27. 《大正藏》54册，周敦义《翻译名义集》。

28. 《大正藏》45册，元照《佛制比丘六物图》。

29. 《大正藏》54册，义净《南海寄归内法传》。

30. 《大正藏》54册，义净《南海寄归内法传》。

31. 袈裟钩纽除可安于上缘处，还可以在袈裟的下缘处再安一副，这也是释迦考虑到沙门出入村落，行路艰难，袈裟下部易损坏。采用此法，袈裟亦可倒穿。这种做法未反映在佛像中。参见义净《南海寄归内法传》、道诚《释氏要览》。

32. “盖三轮”，义净释：“上但盖脐，下掩双膝。”

33. 该律对“全圆”的解释：“覆脐圆、膝圆。”

第二章

贵霜时期犍陀罗、秣菟罗及阿马拉瓦蒂佛像服饰

释迦生前反对制造佛像，《增一阿含经》：“如来身者不可造作”，“不可摸则，不可言长言短”。所以在释迦死后的几百年中没有出现佛像，人们只用象征物，如狮子、菩提树、法轮、佛足迹来寓示佛的存在。这在现存孔雀王朝阿育王为弘传法音、敕令所立的诰文石柱（图 2-1、图 2-2），建于公元前 2 世纪的巴尔胡特窣堵坡围栏浮雕（图 2-3），以及公元前 1 世纪末的桑奇大塔塔门（图 2-4）中均有所反映。

约在公元 1 世纪前后佛像开始出现，大体来看，古印度佛像发展历程中的两大高峰，分别在贵霜王朝（1 世纪至 4 世纪初）和笈多王朝（320 — 600）时期，前者造像中心主要有犍陀罗、秣菟罗及阿马拉瓦蒂，后者主要集中在秣菟罗和萨尔那特地区（图 2-5）。就佛衣样式来看，现存实物资料显示，古印度佛像的袈裟披着方式只有通肩和右袒两式。

图2-1　印度比哈尔邦巴基拉阿育王柱，柱头自上而下依次雕有坐狮、方形托板、莲蓬及覆莲花

图2-2　阿育王双狮法轮石柱，拉合尔博物馆藏，公元前3世纪

图2-3　巴尔胡特窣堵坡围栏浮雕礼拜法轮

图2-4　桑奇大塔北门浮雕礼拜佛塔

图2-5 古印度造像中心示意图

目前有确切纪年的早期佛像，多出自贵霜王朝的迦腻色伽执政时期（约78—120）。而关于迦腻色伽即位的具体年代，学界尚无定论，主要有公元78年、128年和144年之说，其中迦腻色伽元年为公元78年的观点得到较多学者的支持。

贵霜迦腻色伽时期，其势力范围包括印度中部地区的恒河流域及北印度的全部，西北达中亚伊朗一带。[1] 两大造像源点秣菟罗和犍陀罗尽在其中，以现有实物资料看，贵霜时期两地造像风格仍存在很大的差别，却也相互影响。犍陀罗造像受到来自古希腊、古罗马雕塑风格的影响，而秣菟罗造像则更具有中印度本土特征。具体反映在服饰上，起初通肩式多见于犍陀罗地区佛像，右袒式多见于秣菟罗地区，之后两地相互影响。犍陀罗佛衣厚重、写实，秣菟罗佛衣多衣薄贴体，具有很强的程式感。围绕印度西北部的犍陀罗和印度中部的秣菟罗，就两地谁最先出现佛像，学界观点不一。[2] 除上述两地佛像外，在南印度，阿马拉瓦蒂还出土有一种风格独特的佛像，一般认为是案达罗王朝（公元前 1 世纪至 3 世纪）3 世纪的作品，其风格更近于秣菟罗。这些地区差异随着佛教东传，也影响了所经之地的佛像表现，成为鉴别佛像样式来源及分析佛像传播格局的依据。

第一节　犍陀罗佛衣

犍陀罗地处古印度西北边陲，主要疆土约相当于今巴基斯坦西北地区，实际疆域北至斯瓦特河，西至阿富汗喀布尔河上游，东南部包括印度河以东的呾叉始罗（即今塔克沙希拉）地区。在佛像出现以前，犍陀罗艺术已受到来自古代波斯、希腊的影响，如下表所示（见表 2-1）。

表2-1 犍陀罗统治更替概略表

时间	前6至前5世纪	约前327至前321年	约前321至前190年	约前190至前85年	约前85至前25年	约前25至公元60年	60至230年	230至390年	390至460年	460至520年
统治者	波斯阿黑门尼德王朝	希腊亚历山大卫戍部队	印度孔雀王朝	巴克特里亚（中国称大夏）的希腊人	中亚塞种人	伊朗帕提亚人（中国称安息人）	贵霜王朝（月氏人的一支所建立的王朝）	波斯萨珊王朝	寄多罗贵霜	白匈奴（中国称嚈哒）

犍陀罗佛像出土地主要位于白沙瓦及呾叉始罗附近（图2-6）。马歇尔在《犍陀罗佛教艺术》中，将犍陀罗佛教艺术分为两个阶段，即早期阶段（1世纪末至140）和晚期阶段（140—230），其时间基本涵盖了犍陀罗被贵霜王朝占领的时间。

在早期阶段，佛教艺术形式主要为佛传故事，佛像表现并不突出，在早期阶段的较后期才出现单体佛像。马歇尔认为此类造像“正是从那些早期雕刻中的佛陀像中演化而来的，其间的联系是毫无疑问的”[3]。高田修对此也有相似的观点：“在犍陀罗初期，佛像主要是以佛传图登场的，单独佛陀的形象根本不可能看到，但随着佛传图的普及，其主角佛陀，逐渐比其

图2-6 英国人1896年调查时收集的犍陀罗佛像群

他诸多人物增大起来，即由自然的描写到高大，直至占据构图的中心，进而发展到单独佛像为崇拜对象。”[4] 在犍陀罗晚期阶段，马歇尔认为，佛依然以佛传故事或单体造像的形式来表现，其中佛陀形象发生了新的变化。

马歇尔的分期，依据的是风格、材料及制作工艺等诸多因素的变化，其中不只针对佛像。就佛像特征而言，他认为早期阶段的佛像，双目圆睁，作束发肉髻，并蓄小髭。晚期阶段佛像多双目微睁，不蓄小髭，并出现螺发，其间束发肉髻同时存在。

除上述可比因素外，马歇尔还认为佛像总体风格上也存在着不同，早期阶段“是具有着追求简朴和谐形式天性雕刻家的作品”，而晚期作品“则显紧张，雕凿得富于自我表现意识”。[5] 通过对他列举图像的比对，可以发现早期作品相对写实，表现较自然，而晚期作品则较规整，富有程式感。由于具体文化现象的复杂性，这一认识尚不能作为断代的绝对标准，却精辟地把握了犍陀罗佛像主要的风格进程。

犍陀罗佛像衣着特征大体可归为以下几点：

其一，在佛衣的披着方式上，佛着通肩式袈裟，这是犍陀罗佛像最为多见的样式，也是犍陀罗地区早期以佛传图为主体的释迦佛几乎唯一的着衣样式。在犍陀罗晚期的佛传故事浮雕及单体佛像中，袈裟披着仍以通肩式居多，但出现了右袒式，并且出现了看似由通肩变异的披着方式。

其二，在佛衣的组合方面，犍陀罗地区佛像衣着多由裙、僧祇支和袈裟三种服饰组合而成。

其三，佛像衣着风格方面，呈现为由早期的厚重写实，向晚期的衣薄贴体转变，并且这种转变更多地受到来自秣菟罗地区佛像风格的影响。

具体认识可以通过该地佛传浮雕、单体佛像、迦腻色伽金币上的佛陀像及迦腻色伽舍利容器上的佛像来获得。

一、佛像左手握衣角

贵霜犍陀罗地区，佛像手部姿态可分为三种类型：双手作禅定印；双手作说法印；左手握衣角，右手施无畏印、降魔印

图2-7 迦腻色伽时期金币上的佛像，佛左手握衣角，衣角显然是经过反折后握于掌中

或持物。其中左手握衣角一类，以通肩式立佛或坐佛为多，偶有少数右袒式佛像。

1. 通肩式佛立像

通肩式立佛左手握衣角，在犍陀罗地区，可以明确为迦腻色伽及稍后时期的佛像，主要出现在世界各大博物馆、美术馆或私人收藏的金币上，金币正面印有迦腻色伽像及字母标识，背面为佛像（图 2-7），这些佛像上身着通肩式袈裟，下身着裙，左手握衣角，右手施无畏印，佛肉髻高耸，身后饰头光和身光，右侧印希腊字母铭文：Boddo，意为佛陀。由该佛袈裟贴体的表现方式来看，应已受到秣菟罗造像风格的影响。

佛传故事浮雕中的像例，如浮雕《祇园布施图》（图 2-8），藏于白沙瓦博物馆，

图2-8 浮雕《祇园布施图》

被视为犍陀罗地区较早的佛像，造于1世纪中期或稍后，该佛传故事出自《贤愚经·须达起精舍品》，讲述的是须达欲请释迦佛至舍卫城传法，为安置佛及僧众，考虑僧俗有别，携舍利弗向祇陀太子买园建精舍的故事。精舍建好后，释迦及弟子们至舍卫城，受到城内民众手持供物的热烈欢迎。浮雕《祇园布施图》表现的是释迦入城接受布施的场景。图中左二有头光者是释迦佛，左一是佛弟子，右侧四人是布施者。佛及弟子上身皆着通肩式袈裟，下身着裙，左手握有衣角。

浮雕《燃灯佛授记图》（图2-9），藏于白沙瓦博物馆，造于2至3世纪，图中饰头光者为燃灯佛，伏地授记者为释迦的前世修行者。燃灯佛左手握袈裟左下角和右下角，袈裟下摆被提起呈弧形。

图2-9　左边单元的浮雕内容是燃灯佛授记，饰头光者为燃灯佛

2. 通肩式佛坐像

犍陀罗通肩式坐佛左手握衣角的像例，如：拉合尔博物馆藏约1世纪末石造窣堵坡上的佛传故事浮雕（图2-10）、斯瓦特博物馆藏浮雕《梵天劝请图》（图2-11）、华盛顿弗利尔美术馆藏佛传故事浮雕《降魔变图》（图2-12）和《说法图》（图2-13）、

图2-10 拉合尔博物馆藏佛传故事浮雕，可以清楚看到，袈裟左下角和右下角被提起后衣缘形成弧形

图2-11 斯瓦特博物馆藏浮雕《梵天劝请图》

图2-12 弗利尔美术馆藏浮雕《降魔变图》

图2-13 弗利尔美术馆藏浮雕《说法图》

巴基斯坦考古局收藏的约造于 2 世纪的坐佛（图 2-14）、斯瓦特出土佛坐像（图 2-15）、巴爵尔出土佛坐像（图 2-16）。

藏于白沙瓦博物馆的迦腻色伽舍利函盖上的坐佛（图 2-17），该函出土于白沙瓦桑杰金德里，由于并非出自塔的中心，而是发现于塔的侧面，所以有观点认为此物可能是在迦腻色伽二世或三世时制作后补入塔中的，至少可以认为是犍陀罗晚期作品。这身佛像，对解释中国汉魏时期佛像造型特征所具有的特殊意义，以往尚未引起学界足够的重视。该佛的一系列特征，包括肉髻、姿态及佛衣折皱的表现，甚至一佛二胁侍的组合形式等，可视为四川汉魏时期流行的佛像样式（图 2-18、图 2-19）的原型。

图2-14　巴基斯坦考古局藏2世纪坐佛，坐佛左手握袈裟左下角和右下角

图2-15 日本个人藏斯瓦特出土佛坐像

图2-16 日本个人藏巴爵尔出土佛坐像

图2-17 迦腻色伽舍利函盖上的一佛二胁侍

图2-18 四川彭山东汉崖墓出土摇钱树座一佛二胁侍

图2-19 四川乐山麻浩汉墓门楣上的佛像

迦腻色伽舍利函盖主尊呈结跏趺坐，着通肩式袈裟，左手握衣角，右手施无畏印，作束发肉髻。从这身佛像的衣着，可以看出来自秣菟罗和犍陀罗造像的共同影响：

其一，佛作束发肉髻为犍陀罗佛像特征。佛着通肩衣，且佛衣较厚，不见迦腻色伽时期秣菟罗造像，而多见于犍陀罗地区。佛衣衣纹作阴刻线，较早见于贵霜秣菟罗佛像。该像衣纹为对称式阴刻线，且袈裟较厚，这一特征与迦腻色伽以后的贵霜秣菟罗佛衣非常相似，可见这尊造像已是两地风格的综合体现，应代表了迦腻色伽之后的贵霜王朝对佛像造像因素的理解。

其二，该像衣纹以对称的弧形阴刻线表现，对称的弧形衣纹在 2 世纪初以前的犍陀罗和秣菟罗佛像中，均不易见到。这一形式似乎就是在迦腻色伽执政时期或之后不久被创造出来的，并在犍陀罗和秣菟罗佛像中得到表现。但该衣纹与束发肉髻同时用于佛像表现，在古印度仅见于犍陀罗佛像。迦腻色伽舍利函盖上的坐佛，其衣纹样式的新变化，似乎暗示了迦腻色伽或其继任者对佛衣细节有过一次改造，并以应用于国王的舍利函上这种隆重的方式加以推广。

其三，迦腻色伽金币以及舍利函盖上的佛像皆作通肩衣，可见迦腻色伽及其继任者，对通肩式袈裟的推崇，因为贵霜时期，秣菟罗地区还在流行右袒式佛像，也就是在贵霜时期之后，以秣菟罗为代表的中印度地区，通肩式佛像趋于流行。

贵霜统治者本非印度人，而是位于犍陀罗北部的月氏人，地缘关系与犍陀罗更近。迦腻色伽统治印度时期，竭力推崇佛教，编注三藏，举行了第四次结集。[6] 正是自他统治之后，佛教学说和文化开始大量传入我国。[7] 以迦腻色伽在佛教界特殊的影响力，结合此像衣着与秣菟罗佛衣及雕刻手法的相似性来看，有理由认为秣菟罗佛像其后盛行的佛衣样式，与迦腻色伽及其继任者的倡导存在关联。我国南方出土的汉魏时期佛像特征，也多与迦腻色伽舍利容器上的这身佛像相同，此类型的佛像，应是伴随佛教的传播而来到中国南方的。

3. 左手握衣角的右袒式佛像

右袒式和左手握衣角同时用于一身佛像，在犍陀罗地区并不多见，可以列举的如：藏于加尔各答印度博物馆的佛坐像（图2-20），出现了仅见于犍陀罗地区佛像的水波纹肉髻，右手残，左手握衣角，其右袒式的着衣方式，显示应受到来自秣菟罗佛像的影响。白沙瓦大学博物馆藏《佛塔祭仪图》浮雕（图2-21），图中靠近佛塔的弟子，着右袒式袈裟，左手握衣角。上述两件作品显示在犍陀罗地区，对佛及弟子的表现，均出现了着右袒式袈裟和左手握衣角这两个造像因素。

图2-20 加尔各答印度博物馆藏佛坐像

图2-21　白沙瓦大学博物馆藏《佛塔祭仪图》浮雕

图2-22　白沙瓦博物馆藏犍陀罗立佛，衣襞走势显示，袈裟右上角搭于左肩

二、衣角垂于左肩后

袈裟右上角搭于左肩，是佛教律典的规制，在中国现存较早的单体金铜佛及阿育王像上，均有清楚体现。在古印度佛像中，从正面观察即可以见到这一特征，而从像的背面看，由于浮雕或石像对头光的表现，很大程度上限制了人们对像背的衣角敷搭方式的表现，但仍可通过一些实例，见到犍陀罗地区袈裟衣角垂于左肩后这一特征，在通肩式和右袒式造像中均有体现。

1. 通肩式造像

犍陀罗佛像，无论是通肩式（图2-22），还是右袒式，大多从正面就可以清晰看出袈裟右上角敷搭左肩。

若从造像的背面观察袈裟衣角的敷搭方式，在犍陀罗，以《涅槃图》为代表的这一类经变故事浮雕，其中的弟子着衣，明确展现了袈裟右上角是如何搭于左肩的。如原藏于马尔丹盖兹麦斯，现藏白沙瓦博物馆的《涅槃图》（图2-23），应是该题材较早的作品，图中释迦右胁而卧，背后聚集天龙八部众，床前是哀痛的弟子。其中位于浮雕最下方的三位弟子中，有两位背对观众，着通肩式袈裟，两人的袈裟右上角均敷搭于左肩。

犍陀罗地区发现约2世纪前后的《涅槃图》浮雕有很多，图中会出现面向释迦悲号，背对观者的弟子形象，其中大多着通肩式袈裟，右衣角搭左肩，如加尔各答博物馆藏《涅槃图》（图2-24）、

图2-23 白沙瓦博物馆藏《涅槃图》

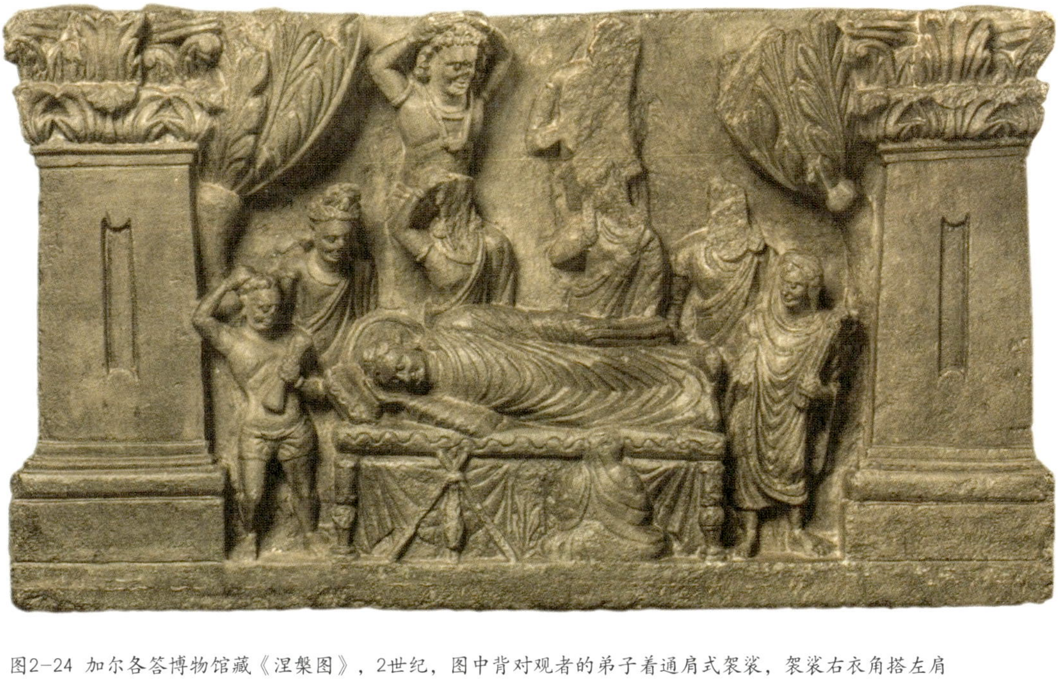

图2-24 加尔各答博物馆藏《涅槃图》，2世纪，图中背对观者的弟子着通肩式袈裟，袈裟右衣角搭左肩

日本个人藏《涅槃图》（图 2-25）、大英博物馆藏《涅槃图》（图 2-26）、日本个人藏《涅槃图》（图 2-27）、犍陀罗出土《涅槃图》（图 2-28）、白沙瓦博物馆藏《涅槃图》（图 2-29）、东方艺术馆藏《涅槃图》（图 2-30）——此图中背对观者，靠近释迦腿部的弟子，着通肩式袈裟，袈裟右上角搭左肩。位于该弟子左侧呈跪姿并被人扶着的另一弟子，其袈裟右上角清楚地显示出袈裟正在随身体变化从左肩滑落。

图2-25 日本个人藏《涅槃图》

图2-26 大英博物馆藏《涅槃图》

图2-27 日本个人藏《涅槃图》

图2-28 犍陀罗出土《涅槃图》

图2-29 白沙瓦博物馆藏《涅槃图》

图2-30 东方艺术馆藏《涅槃图》

2. 右袒式造像

犍陀罗佛像中的右袒式袈裟右上角的敷搭方式，与该地通肩式佛像相似，大多可以从造像的正面观察得到(图2-31)。

图2-31 拉合尔博物馆藏犍陀罗佛像，衣襞走势显示，袈裟右上角搭于左肩

通过以下像例，可以进一步了解犍陀罗地区右袒式造像是如何具体处理袈裟右上角的，如斯瓦特博物馆藏约1世纪《三道宝阶图》浮雕（图 2-32），描述维摩诘以神通力，运用三道宝阶将无动佛治下的妙喜世界，与释迦治下的娑婆世界相连接。图中在沟通妙喜和娑婆二世界的宝阶上，刻画有三株

图2-32 斯瓦特博物馆藏浮雕《三道宝阶图》

菩提树、二天人、佛足和半跪姿态的佛弟子。从弟子背部衣襞的走势来看，袈裟披着呈右袒式，并且袈裟右上角是垂于左肩后的。

值得注意的是，该弟子所着袈裟以阴刻线示意了“条”和“叶”的构造，条和叶在壁画或彩绘塑像中并不鲜见，但在石刻中以线刻的形式表现不多，仅在波士顿美术馆藏秣菟罗约 2 世纪后期浮雕上的佛弟子像（图 2-33），及云冈第 18 窟位于主尊左侧胁侍菩萨上方的弟子像（图 2-34）中发现有类似表现。

美国华尔特美术馆藏犍陀罗约 2 世纪《涅槃图》浮雕（图 2-35），图中背对观众的弟子，着右袒式袈裟，左肩背部清楚显示有垂挂的衣角。藏于第尔博物馆的《涅槃图》浮雕（图 2-36），也可以看到类似的衣角处理方式。

图2-33　秣菟罗约2世纪后期浮雕饰板上的佛弟子像，注意弟子所着袈裟用阴刻线表现的条、叶

图2-34　云冈第18窟弟子像，注意弟子所着袈裟用阴刻线表现的条、叶

出土于斯瓦特的1世纪佛传浮雕（图2-37）中，佛左侧半跪弟子袈裟为右袒式，且衣角垂于左肩臂后。

以上像例显示，犍陀罗地区佛教造像对袈裟右上角的处理，无论是通肩式还是右袒式，均被置于左肩后，与律典规制相符。

图2-35 犍陀罗约2世纪《涅槃图》浮雕

图2-36 第尔博物馆藏《涅槃图》浮雕，释迦床前背对观众的弟子，袈裟呈右袒式，右衣角垂于左肩后

图2-37 斯瓦特出土佛传浮雕

三、衣角垂于左胸前

道宣等高僧大德解释律典规制时，明确三衣右角需垂搭于左肩，这也由犍陀罗及中国的造像实物得到证实。但仍能见到一些佛像，衣角是由左肩向左胸垂下的，在右袒式和通肩式造像中均有出现，从袈裟的披着走势来看，该衣角应是袈裟的左上角而非右上角。这类衣角处理方式，较早见于贵霜犍陀罗佛像，之后流布甚广，在中国新疆及其他省份均能见到，并且在南传佛教流行的斯里兰卡及中南半岛地区的佛像中较为常见。

犍陀罗这类造像，如柏林国立印度美术馆藏斯瓦特出土佛传浮雕《梵天劝请图》（图 2-38），据《方广大庄严经》载，时梵王与六十八拘胝梵众，来礼佛并请释迦为众生转起法轮。图中释迦佛结跏趺坐，着右袒式袈裟，袈裟左上角垂于左胸前，分立两侧者应是梵天和帝释天。

图2-38 柏林国立印度美术馆藏斯瓦特出土佛传浮雕《梵天劝请图》

图2-39　犍陀罗约2世纪浮雕《燃灯佛授记图》

犍陀罗约2世纪《燃灯佛授记图》浮雕（图2-39），据《太子瑞应本起经》载，过去佛燃灯佛为手执五茎莲花的善慧童子授记，预言其在九十一劫之后成为释迦牟尼佛。该图中心立佛为燃灯佛，其左侧手执莲花的出家人是释迦前身善慧童子。注意这件浮雕中对袈裟右上角和左上角的不同处理方式，其中，佛的袈裟右上角显然是被置于了左肩后，围绕佛左右的三个剃度者所着袈裟，一人为通肩式，另两人着右袒式，三人袈裟的左上角均垂于左胸前。

白沙瓦博物馆藏犍陀罗出土2至3世纪的浮雕《过去七佛与弥勒菩萨》（图2-40），图中为两身保存完好的着右袒式袈裟的佛像，其袈裟在左肩的形态，是由背后叠压至前胸，即袈裟左上角垂于左胸前。

袈裟衣角垂于左胸的佛像，在阿马拉瓦蒂、斯里兰卡、中南半岛，及我国的新疆、山东青州均有出现，如7至8世纪阿马拉瓦蒂风格佛立像（图2-41），斯里兰卡波隆纳鲁瓦12世纪石坐佛（图2-42），泰国14至15世纪铜坐佛（图2-43），我国新疆克孜尔孔雀窟5至6世纪佛像（图2-44）及山东青

图2-40 浮雕《过去七佛与弥勒菩萨》

图2-41　阿马拉瓦蒂风格佛立像，7至8世纪

图2-42 斯里兰卡波隆
纳鲁瓦12世纪石坐佛

图2-43 泰国14至15世纪铜坐佛

图2-44 新疆克孜尔孔雀窟5至6世纪佛像，立佛袈裟衣角垂于左胸前

图2-45 山东青州北齐立佛

州北齐（550 — 577）立佛（图 2-45）等。

严格意义上来讲，这类将袈裟左上角垂于左胸前的着衣方式，似乎并没有违反佛教经文中的律典规制，《摩诃僧祇律》也没有明确三衣左上角和右上角在左肩如何叠压，倒是道宣在其著述中强调“三衣右角皆在左肩”，但将三衣右上角垂于左肩后，这可能仅仅反映的是一种普遍性，而将三衣左上角垂于左胸前，则体现了弟子对规制的又一种理解。

部派佛教的律典规制都声称出自释迦，各部律典虽大义相同，但仍有出入，对佛祖当初训诫的理解亦不尽相同。

四、僧祇支在佛像中的应用

僧祇支在古印度佛像中的表现，以现存实物来看，较早出现在贵霜犍陀罗佛像身上。这是种贴体披着的内衣，因此需通过佛像裹覆胸部的衣着构造，及佛身体右侧袈裟撩起处的一件短衣来辨识，主要依据僧祇支的两个特点：裹胸和小于三衣的衣量。实际考察中，这两个特征通常不会集于同一座佛像，而是分别见于右袒式坐佛和通肩式立佛。

1. 坐佛着僧祇支

坐佛着僧祇支，通常在右袒式坐佛上得到显现，在犍陀罗地区晚期浮雕、单体塑像中较为常见，如布鲁塞尔个人藏佛三尊像（图 2-46）、白沙瓦博物馆藏佛坐像（图 2-47）等，图中坐佛上身在右袒披着的袈裟之下，

图2-46 布鲁塞尔个人藏佛三尊像

图2-47 白沙瓦博物馆藏佛坐像

还有一层右袒披着的贴体紧裹胸部的服饰，应是僧祇支。

犍陀罗地区这类着僧祇支的右袒式坐佛，以作说法印者居多，也有少数例外，没有刻画僧祇支，右胸袒露，如前文所列举的图 2-20 犍陀罗左手握衣角的右袒式坐佛。

2. 立佛着僧祇支

立佛着僧祇支，多在通肩式立佛上得到体现，藏于斯瓦特博物馆的《佛说法图》浮雕（图 2-48），应是犍陀罗 2 世纪上半叶的作品，佛在人群中的体量已较之前增大，佛作高肉髻，袈裟也更为贴体。

由佛右手通常施无畏印而撩起的下方，可以看出还有一件较为短小的衣服，高田修认为应是内衣安陀会，而从腰至足胫部位的衣物是裙（泥洹僧），不应看成是安陀会。[8] 冈田犍阐述了僧祇支在贵霜犍陀罗右袒式和通肩式佛像中的应用情况："犍陀罗亦出现偏袒右肩像，逐渐在右胸部袈裟的内侧，呈现被认为是僧祇支衣服的边缘。""在犍陀罗的通肩像中，被认为是右侧腹袈裟中的衣服边，可能就是该僧祇支的衣服边。"[9]

僧祇支具有覆胸掩羞功能，衣量一般明显要小于三衣，加之律典中也存在安陀会与郁多罗僧、僧伽梨衣量相等的规制，笔者认为将此短衣解释为僧祇支更为合理。因此，该像衣着组合就应是僧祇支、裙和袈裟。犍陀罗地区佛着通肩式袈裟，同时显示上身内着僧祇支和下身着裙的佛像，不限于浮雕，在单体造像中也极为常见，如美国大都会艺术博物馆藏 3 世纪立佛（图 2-49），拉合尔博物馆 2 世纪中叶至 3 世纪佛立像（图 2-50），以及白沙瓦博物馆藏 2 世纪中叶至 3 世纪佛立像

图2-48 斯瓦特博物馆藏《佛说法图》

（图 2-51）——注意此佛身体右侧在僧祇支与裙之间，还延伸出一段带状物，这一特征在犍陀罗佛像中较为少见，其带状物属性似为裙带。依据前文律典中对沙门着裙系带的认识，裙带系结应位于身体右侧，这与该像右侧垂带相合。

犍陀罗地区出现的立佛着通肩式袈裟，身体右侧显示内着僧祇支，这一特征在北方兴都库什山脉一带阿富汗的佛像中亦有延续，如现藏于吉美博物馆约 3 世纪《舍卫城神变》佛立像（图 2-52）、喀布尔博物馆藏 3 至 4 世纪《燃灯佛授记》佛立像（图 2-53），以及约造于 6 世纪前后的巴米扬东大佛（图 2-54）和西大佛等。

上述像例显示，在犍陀罗地区，无论是通肩式佛像还是右袒式佛像，都可以见到对僧祇支的表现。

图2-49 大都会艺术博物馆藏犍陀罗立佛

图2-50 拉合尔博物馆藏犍陀罗立佛

图2-51 白沙瓦博物馆藏犍陀罗立佛

图2-52　吉美博物馆藏《舍卫城神变》佛立像

图2-53 喀布尔博物馆藏《燃灯佛授记》佛立像

图2-54 巴米扬东大佛

五、犍陀罗佛像衣着种类和名称

犍陀罗佛衣的种类，通过上述像例，大体可知佛上身内着僧祇支，外着袈裟，下身着裙[10]，这应该是包括裙、僧祇支和袈裟的五衣组合，虽然佛像大多只表现了一层袈裟。依据《摩诃僧祇律》和《根有部律》三衣衣量相同的规制，再联系玄奘天竺实考后对当地沙门服饰的记载，犍陀罗佛像僧祇支之外的这层袈裟可释读为安陀会。

在犍陀罗晚期佛像中，另有一种佛衣组合值得关注，见于两身倚坐佛：

一件是大英博物馆藏坐佛（图2-55），该佛双手作说法印，其外观显示身着三层服饰，佛右手撩起的一层袈裟下，显示还有两层服饰，最下层服饰可视为裙，中间的一层服饰衣量，与外层袈裟相等，不能视作衣量短小的僧祇支，视为安陀会更加合理，那么佛右手撩起的一层袈裟，就应是郁多罗僧。

图2-55 大英博物馆藏犍陀罗坐佛，右手撩起的佛衣显示有两层袈裟

另一件是斯瓦特布特格拉出土的犍陀罗坐佛（图 2-56），这是件浮雕作品，主尊佛左手置于左腿上，有残损，右手上举施无畏印，需要注意的是，该佛左右手均撩起袈裟，左手撩起一层袈裟，下方显示有两层服饰，右手撩起两层袈裟，下方仅显示有一层服饰。外观上看有三层服饰，其中最下层为裙，中间一层和外层服饰衣量相当，这可以从两层服饰在佛两腿之间及佛右手两侧的垂挂形状上看出，因此由内而外可释作安陀会和郁多罗僧。

图2-56　斯瓦特布特格拉出土犍陀罗晚期坐佛，右手撩起的佛衣显示有两层袈裟

这两身倚坐佛的佛衣数量、种类和外观相同，但着衣形态不尽相同，突出反映在佛左右手撩起的袈裟层数不同，导致这种差异的原因在于这两身佛的内层袈裟披着方式不同，前者为右袒式，后者为通肩式。

无论是右袒式还是通肩式袈裟，在着衣者身体右侧均是围合的，只在身体左侧有开缝，所谓左开右合。右袒式披着时，着衣者的右臂是裸露的，没有袈裟围绕；通肩式披着时，着衣者右臂是被袈裟包裹的，右手若要伸出，只有从袈裟下缘或上缘处。对于着衣者的左臂来说，袈裟的这两种披着方式，均会在着衣者身体左侧留有一条缝隙，伸出的左手作手印或握衣角。这种倚坐佛上身着安陀会和郁多罗僧，下身着裙的表现形式，在笈多时期萨尔那特佛像中亦可见到，后文还会提及。

图2-57 拉合尔博物馆藏犍陀罗立佛，注意该佛右手是从袈裟的上缘领口处伸出，而非通常所见的从袈裟下缘伸出

六、佛右手从袈裟上缘伸出

释迦牟尼生前为沙门着衣所定的规制，诸如袈裟须通肩披着或右袒披着，袈裟右角置于左肩，左手须握袈裟左下角和右下角，着衣不得令肘现，以及僧祇支和裙的应用等，均在数百年后贵霜犍陀罗佛像衣着中得到体现，佛像衣着与沙门衣着的传脉是清晰的。

需要指出的是，在贵霜时期犍陀罗佛像中，仍有少数佛像衣着未严格遵循律典规制，虽然这类佛像在犍陀罗地区并不多见，但鉴于其与希腊基督像及中国甘肃地区北魏佛像存在造型上的关联，有必要予以关注。

在犍陀罗佛教造像中，有一种外观类似通肩式的袈裟披着方式，又与通肩式着衣法式不尽相同，并没有像义净解释通肩式着衣法式时所说的双手下出，即手须从袈裟下缘伸出，而是突出表现为右手从袈裟上缘绕颈形成的领口处伸出，例如：拉合尔博物馆藏3至4世纪立佛（图2-57）；拉合尔博物馆藏窣堵坡浮雕《燃灯佛授记》，其中燃灯佛左侧剃度者的右手，是从袈裟上缘伸出（图2-58）的；日本个人藏犍陀罗立佛（图2-59）；吉美博物馆藏立佛（图2-60）；吉美博物馆藏《弥勒与过去佛》浮雕（图2-61）；日本个人藏《弥勒菩萨与过去七佛》浮雕（图2-62）；大英博物馆藏犍陀罗2至3世纪佛传故事浮雕（图2-63）；拉合尔博物馆藏《佛陀与苦行者婆罗门》浮雕（图2-64）。

图2-58　拉合尔博物馆藏《燃灯佛授记》浮雕

图2-59 日本个人藏犍陀罗立佛

图2-60 吉美博物馆藏立佛

图2-61　吉美博物馆藏《弥勒与过去佛》浮雕，图中左1、左3、左6立佛右手皆由袈裟上缘伸出

图2-62　日本个人藏《弥勒菩萨与过去七佛》浮雕，图中左5、左7立佛右手皆由袈裟上缘伸出

图2-63 大英博物馆藏犍陀罗佛传故事浮雕，图中佛左侧弟子右手由袈裟上缘伸出

图2-64 拉合尔博物馆藏《佛陀与苦行者婆罗门》浮雕，图中佛右手由袈裟上缘伸出

佛或弟子右手由袈裟上缘伸出，在犍陀罗佛教造像中并不普遍，但也不能视为偶然现象，因为这种着衣方式在传播上似自有源流，福歇在希腊基督像（图 2-65）上为该佛的着衣方式找到了原型，这也成为福歇认为的犍陀罗佛教造像中佛和比丘服饰是希腊式观点的依据。[11] 与之相似的着衣方式，还见于希腊国家考古博物馆藏公元前 1 世纪的男子立像（图 2-66）。佛像服饰是否源自希腊另当别论，但犍陀罗部分佛像的披衣方式是明显受到希腊式着衣方式的影响的，这种影响进一步由犍陀罗波及到我国河西地区，在甘肃酒泉文殊山千佛洞北魏时期的壁画（图 2-67）中，可以看到与犍陀罗相似的衣着样式[12]，并很可能促成了中国佛衣样式中垂领式的形成（图 2-68）。

图2-65 希腊基督像

图2-67 文殊山千佛洞佛像

图2-66 希腊国家考古博物馆藏男子立像

图2-68 美国克利夫兰艺术博物馆藏敦煌发现缘禾四年索阿后石塔七佛之一，着垂领式佛衣

第二节　秣菟罗佛衣

秣菟罗位于今印度首都新德里南部朱木拿河岸，是贵霜帝国政治、军事及宗教的一大中心。这里较犍陀罗更接近释迦生前活动地区及早期佛教艺术遗址，如鹿野苑、巴尔胡特窣堵坡等，所出佛像有很强的地域特征，因此也被视为中印度佛像的代表。

贵霜时期秣菟罗佛像，以现有实物资料看，佛衣表现大致经历了两个发展时期，即迦腻色伽执政时期（约 78—120）和迦腻色伽之后（120—320）。

迦腻色伽执政期间较早出现的佛像多着右袒式袈裟，衣薄贴体，坐佛左手不握衣角，袈裟右上角也未搭于左肩。佛像没有表现僧祇支的迹象，也没有出现犍陀罗佛右手从袈裟上缘伸出那么显著的希腊化着衣样式。

迦腻色伽执政之后，佛像袈裟多作通肩式，佛衣厚重，由前一阶段贴体向厚重转变，其中后一阶段的变化，应与受到犍陀罗造像风格的影响有关。在贵霜之后的笈多时代，秣菟罗佛像虽然仍多延续通肩式，但恢复了衣薄贴体的旧有表现形式。

秣菟罗佛像这种地域风格形成的确切时间尚难判断，有一点是可以明确的，即在印有迦腻色伽字母和佛陀形象的金币上，佛陀的服饰已糅合有犍陀罗和秣菟罗两地佛像特点，如犍陀罗的通肩式佛衣样式，秣菟罗的薄衣贴体和程式化较强的对称弧状衣纹。也就是说，如果将佛像的出现视为在迦腻色伽执政期间，那么同期在犍陀罗和秣菟罗不仅出现了风格不同的佛像，而且还发生了两种风格趋于融合的现象，融合的时间，至少应在迦腻色伽执政稍晚的时期。

一、迦腻色伽时期的佛像衣着

秣菟罗地区较早出现单体佛像，未出现像犍陀罗地区由佛传浮雕向单体佛像的演变过程。佛像分立像和坐像二式，由纪年铭文可知出自迦腻色伽时期，这类佛像的共同特点是：

图2-69 秣菟罗博物馆藏秣菟罗出土2世纪佛头

其一，顶作螺状肉髻（图 2-69）。

其二，圆脸大眼，身材壮硕，有印度本土人的特征。

其三，佛上身披右袒式袈裟，下身着裙，并系带，带结位于身体右侧，无论是立佛还是坐佛，均未对僧祇支加以表现。

其四，佛衣薄而贴体，衣纹多为阴刻线，也有在凸起的仿泥塑贴条衣纹上饰阴刻线的。

1. 右袒式立佛

右袒式立佛的代表像例，如藏于阿拉哈巴德博物馆迦腻色伽二年铭文立佛（图 2-70），藏于萨尔那特博物馆迦腻色伽三年铭文立佛（图 2-71）。现存贵霜迦腻色迦时期的立佛（图 2-72）造型大体相同，佛之左手由袈裟内伸出，握住袈裟右下角和左下角，使袈裟在身体左下方被撩起，露出内着之裙和裙带。下垂于身体右下方的袈裟，因这一牵动，出现汇集于左手位置的诸多衣纹，这些衣纹多以阴刻线表现。在佛身体左侧的衣纹，则采用了另一种表现方式，即在凸起的衣纹上，加饰阴刻线。

需要注意的是，该佛像左手所握衣角是由拳心上口进入，而非常见的由拳心下口进入。律典中并未明确对这一细节的处置方式。

此类风格的佛衣均以突出形体结构为表现特征，对应悬垂于身体两侧的袈裟作了艺术处理，使衣物紧贴于身。如佛左臂与上身之间的袈裟，被压缩至背屏，以几根阴刻线示之，又如佛之左前臂下方，若依自然规则应垂有袈裟，而该像在处理时，将其压缩到了左手腕部，以极小的宽度来示意下垂衣摆。

该佛像明确显示，裙带系于身体右侧，这也符合律典对涅槃僧系结的要求。在犍陀罗地区可见到佛身体右侧垂挂带饰，其性质应与秣菟罗相同。律典要求裙带须绕身三圈，该像示意不明，可通过同期坐佛作进一步了解。

图2-70 阿拉哈巴德博物馆藏迦腻色伽二年佛像

图2-71 萨尔那特博物馆藏迦腻色伽三年秣菟罗佛像

图2-72 贵霜秣菟罗佛立像

2. 右袒式坐佛

存世的迦腻色伽时期的坐佛有多件，如藏于美国金皮尔博物馆迦腻色伽四年铭文佛坐像（图 2-73）、藏于秣菟罗博物馆佛坐像（图 2-74）、藏于加尔各答印度博物馆佛坐像（图 2-75）、藏于秣菟罗博物馆佛坐像（图 2-76），及藏于美国克利夫兰美术馆佛坐像（图 2-77）等。这些坐佛均显示裙带绕腰数匝，具体圈数尚难确认。佛之左后臂下方本应自然悬垂的袈裟，也为了突出形体被处理到紧贴后部背屏的位置。这类坐佛的衣纹大多体现在坐佛左臂，具体塑造手法也是在凸起的衣纹上饰阴刻线。

图2-73 金皮尔博物馆藏迦腻色伽四年佛坐像

图2-74 秣菟罗博物馆藏佛坐像

图2-75 加尔各答印度博物馆藏佛坐像

图2-76 秣菟罗博物馆藏佛坐像

图2-77 克利夫兰美术馆藏佛坐像

佛衣衣纹的刻画，在仿泥塑贴条的凸起结构上加饰阴刻线，这种技法也传到了中国，如美国哈佛大学美术馆藏十六国金铜坐佛、云冈第 20 窟主尊和莫高窟较早的第 272、275 窟主尊。

佛像呈结跏趺坐，位于小腿中部的圆形边饰，应是裙和袈裟下缘口。佛两腿之下的折皱，是袈裟还是尼师坛[13]，尚不能确定。

值得注意的是该类造像左臂，明显有因袈裟缠绕而凸起的现象，律典中明确规定了袈裟右上角应搭于左肩，在犍陀罗地区，无论是通肩式还是右袒式都能见到，而秣菟罗这些发生时间较早的右袒式坐佛，对此似没有完全与律典保持一致。由于同期单体造像均与背屏或头光相连，佛像身后不作雕饰，对于佛衣如何搭于左肩、臂，尚难判断。

秣菟罗早期佛像左臂袈裟缠绕，与该地菩萨及犍陀罗菩萨、太子像左臂帛带缠绕形态有相似性，如秣菟罗博物馆藏菩萨坐像（图 2-78）、美国克罗诺斯藏秣菟罗莲花手菩萨像（图 2-79）、

图2-78 秣菟罗博物馆藏菩萨坐像，注意该菩萨左臂有帛带缠绕

图2-79　美国克罗诺斯藏秣菟罗莲花手菩萨像

图2-80 新德里国立博物馆藏弥勒菩萨立像

新德里国立博物馆藏弥勒菩萨立像（图2-80）、白沙瓦博物馆藏《国王得神谕详梦图》浮雕（图2-81）、白沙瓦博物馆藏《太子树下观耕图》（图2-82）、白沙瓦博物馆藏弥勒菩萨像（图2-83）。

已知的秣菟罗早期佛像的铭文，多以“菩萨”称之，这可能是导致该地佛像带有菩萨造型印迹的原因。

高田修《佛像的起源》一书，对秣菟罗早期的佛像用“菩萨”铭文做出了这样的解释：“摩突罗（即秣菟罗）对于表现出来的佛陀形象之接受，至少在佛教界曾有过踌躇，这是可以看出来的。我们由许多单独的佛像出现时，在奉献铭上都称作‘菩萨’的事实可得知。像明显地具有佛陀的特相，它和具有严身具的普通菩萨像有区别，不但如此，一部分的像都同样具有‘佛陀’的同一像相因素，因此那些作品，都是意图作成佛陀的，而把那些作品看成是佛陀也是无可置疑的。尽管称作‘菩萨’像，当然也是有其理由存在的。而且从最古的一群单独佛像起，已经作‘菩萨’铭，而有关这之前的浮雕因为无铭文，故难以明白。但这称呼从很早就适用也是可以充分推察出来的。若要下结论的话，可以追溯至佛像出现的当时，摩突罗的佛教界对接受佛像所表示的反应，是可以看出其立场的踌躇和妥协的。换句话说，受到古代初期以来的传统之束缚之摩突罗在不敢自己去进一步表现佛陀像

图2-81 白沙瓦博物馆藏《国王得神谕详梦图》浮雕局部，图中正面端坐的净饭王左臂缠绕帛带

图2-82 白沙瓦博物馆藏《太子树下观耕图》，图中悉达多太子观看牛耕田并冥想，其左臂缠绕帛带

的当地方佛教环境之下，由于前面提到的具有他律性的因素，虽然开始出现佛像，但在佛教的立场尚未能允许接受时，又不得不承认现实制作佛像的事实，于是在所谓‘菩萨’的名目下，企图和前代以来的传统妥协了。——这样的解释才能够让人理解到在摩突罗产生这种特例‘菩萨’像的称呼和以后被长期沿用的现象。”[14]

佛教的原始教义是不允许制造佛像的，所谓“如来是身不可造作”“不可摸则，不可言长言短”。随着大乘佛教在1世纪前后兴起，佛教走向多神崇拜，菩萨、佛的偶像造作随之产生。鉴于对佛进行偶像塑造有违佛教原始教义，秣菟罗早期佛像遂冠以“菩萨”之名，这样也就避开了公然践踏教义，但可以说此属无奈之举，因为秣菟罗同期还另有身着菩萨装的菩萨像。

图2-83　白沙瓦博物馆藏弥勒菩萨像，其左臂缠绕帛带

图2-84 秣菟罗博物馆藏立佛，该佛像仍保留印度本土人特征，通肩式佛衣，佛衣趋于厚重，左手握衣角的具体形态，应是受到犍陀罗佛像的影响

二、迦腻色伽以后的佛像衣着

以现有资料看，秣菟罗佛像的佛衣样式由之前的右袒式变为通肩式，应是在迦腻色伽执政稍晚时期或之后。佛像所具有的特征，主要表现为以下几点：

其一，佛作无纹肉髻，且出现螺发。

其二，佛像容貌依然是圆脸大眼，身材壮硕。

其三，佛衣多作通肩式，表现趋于厚重，但仍延续前期的阴刻线衣纹。

其四，佛像衣纹呈 U 形对称排列。

1. 通肩式立佛

袈裟对称的弧形阴刻线是秣菟罗佛像的地域特征，如秣菟罗博物馆藏立佛（图2-84），佛衣厚重感明显增强，有观点认为这是受到来自犍陀罗造像的影响，但犍陀罗佛衣的写实手法，未被吸收，佛衣刻画仍具有较强的程式感。

立佛右手上举施无畏印，左手上举握衣角，佛衣右上角搭于左肩。衣角显然是经反折后再握于左手中的，这一点应是受到犍陀罗佛像表现方式的影响。由于袈裟增厚，前期的裙及裙带，不再以透过袈裟的方式表现。但形体在厚重的袈裟下仍有显现，可以看到躯干及两腿结构的起伏。

佛之左右肘部，按理应有袈裟自然悬垂，该像为突出肘部形体结构，将袈裟处理得更靠近躯干，前期遗风尚存。

对衣纹的处理，仍延续前期的线刻法，但线槽较深，线与线之间也增加了微妙的起伏，以强化对袈裟厚度的表现。并且衣纹为通体刻画，不像前期在身体许多凸起部位不作雕刻。

2. 通肩式坐佛

坐佛与前期不同的是，佛之左手，由向下撑于膝部，变为平举握衣角，如秣菟罗博物馆藏坐佛（图 2-85）。这种坐佛的衣纹呈对称阴刻线，左手握衣角，右手施无畏印，结跏趺坐，其表现形式流布很广，不仅见于犍陀罗迦腻色伽舍利函盖上的主尊坐佛，还出现在我国四川地区出土的汉魏时期佛像上。

图2-85 秣菟罗博物馆藏坐佛

需要注意的是前期暴露的双脚被掩于袈裟之下，位于双足之间的袈裟下缘，仅悬于坛基表面，尚未发生垂覆坛面的现象，而在犍陀罗早期和晚期作品中，在坐佛的衣摆下缘与坛面出现了多种接触方式，进而在我国佛像中，衍化出学界称之为“悬裳座”的佛衣形式。

此外，与迦腻色伽时期有所不同的是，佛头部出现无纹肉髻和螺发。肉髻的样式也是学界用于判断地域造像风格的重要因素。[15]秣菟罗造像至此已出现三种肉髻样式，分别是螺状肉髻、无纹肉髻和螺发，其中螺发在秣菟罗笈多时期造像中得到普遍的应用。

前文讲过，贵霜秣菟罗在迦腻色伽时期出现凸起衣纹上加饰阴刻线的做法，影响到了我国十六国、北魏时期的北方佛及菩萨像的衣纹表现，涉及金铜、石、泥塑造像，说明这是一种在当时已十分流行且具影响力的衣纹表现方式。

贵霜秣菟罗在迦腻色伽之后，佛衣以 U 形对称的阴刻线表现，这一形式也传到了我国，如建于 420 年的炳灵寺 169 窟第 9 龛三立佛、云冈第 20 窟主尊左侧胁侍立佛、藏于京都国立博物馆的一件十六国时期金铜立佛。[16] U 形对称的阴刻线衣纹与在凸起衣纹上加饰阴刻线，这两种源自贵霜秣菟罗的佛像衣纹表现形式，对 5 世纪初前后我国的佛衣表现产生了深刻影响。

三、秣菟罗佛像衣着种类和名称

考察贵霜秣菟罗佛像衣着的种类和名称，是有难度和不确定性的，主要反映在两个方面：

其一，贵霜秣菟罗的佛像风格，明显存在前后两个不同的阶段，佛衣也相应地存在差异，迦腻色伽时期的着衣情况，可以经由佛衣贴体薄透的视觉效果来判断，而迦腻色伽之后的佛像躯体，多被厚重的通肩式袈裟所包裹，无法明晰上身袈裟内的具体着衣状况。

其二，贵霜秣菟罗在前一阶段流行的右袒式佛像，其上身仅有的一层袈裟，由于没有裹覆右胸，所以不能确定其为僧祇支，这类佛像的衣着组合究竟应放在“三衣”还是“五衣”范畴来考察，是难以确定的。如果是“五衣”范畴，联系玄奘、义净在天竺实地考察沙门的衣着的记载来看，佛下身应为裙，上身为安陀会；如果是“三衣”范畴，那么佛下身着衣就不能排除是安陀会，上身为郁多罗僧。

第三节 阿马拉瓦蒂佛衣

阿马拉瓦蒂地处南印度，由于该地不属于贵霜王朝辖地，且出土的佛像制造时间相对较晚，学界在讨论古印度佛像源点时，未将其纳入。该地佛像的制造时间，一般认为是在 3 世纪，这一时期，阿马拉瓦蒂属案达罗王朝（前 1 世纪至 3 世纪）。[17] 案达罗王朝主要控制着南印度的德干高原及海岸线，与北方贵霜王朝形成对峙局面，史学家也将这一时期称作次大陆历史上的“南北朝时代”。

同期，阿马拉瓦蒂也是以象征物喻示（图 2-86）的时期。始建于孔雀王朝（约前 324—前 187）阿育王时期的桑奇 1 号窣堵坡，约在公元前 1 世纪末，即案达罗王朝之初得到进一步扩建，增加了围绕大塔的四座砂石塔门，这也是印度最大的佛教窣堵坡。塔门上浮雕有佛传故事，其中并未出现佛的形象，佛仍以宝座、脚印等象征物来喻示。进入 3 世纪，阿马拉瓦蒂的佛像制造已具有较为成熟的地域风格，4 世纪中叶以后，佛教在该地式微。现有实物资料显示，阿马拉瓦蒂佛像有通肩式和右袒式，后者占据了绝大部分，这两种佛像在浮雕上都有出现，而圆雕佛像似只有右袒式，目前还难以区分浮雕佛像和圆雕佛像发生时间上的先后。

与此同时，我们仍要看到“在安陀罗地区，佛像出现以后，并未马上取代佛陀象征物的地位，是故在阿玛拉瓦蒂（阿马拉瓦蒂）大窣堵坡 2、3 世纪的石雕里，佛像与佛陀象征物并存的例子屡见不鲜。此时，安陀罗地区发现的菩萨像寥寥无几，和秣菟罗以及犍陀罗大量制作菩萨像的现象大相径庭，此亦是当地佛教美术的一大特色”[18]。

图2-86 阿马拉瓦蒂前1世纪佛足浮雕

由佛衣雕刻手法来看，阿马拉瓦蒂佛像对衣纹的处理也独具特色。一方面，袈裟厚重、贴体的形式，颇似秣菟罗贵霜后一阶段佛衣特点。另一方面，衣纹被处理成叠压状，与秣菟罗单纯的凹线刻及犍陀罗的写实衣纹均不同。

这类造像大多双目圆睁，保留着秣菟罗和犍陀罗早期造像特征，但其面部特征更近于秣菟罗，且多为螺发。结合上述与秣菟罗造像的诸多联系，阿马拉瓦蒂佛衣与秣菟罗风格更近。但也不能完全排除来自犍陀罗佛像的影响，该地 7 至 8 世纪立佛，袈裟衣角垂于左胸前的方式在古印度较早出现在西北地区。

一、通肩式佛像

现存出自阿马拉瓦蒂的通肩式佛像，多为浮雕形式，如阿马拉瓦蒂 2、3 世纪的浮雕造像（图 2-87、图 2-88、图 2-89）。这些通肩式佛像多呈立姿，佛衣特征呈现如下：

衣纹排列与贵霜秣菟罗通肩式佛像相似，呈弧形对称状，佛衣厚重而贴体。但衣纹构造与贵霜秣菟罗后期佛像的阴刻线不尽相同，发展出了叠压状的衣纹。

佛右手施无畏印，左手上举握衣角，与贵霜秣菟罗通肩式佛像相似。

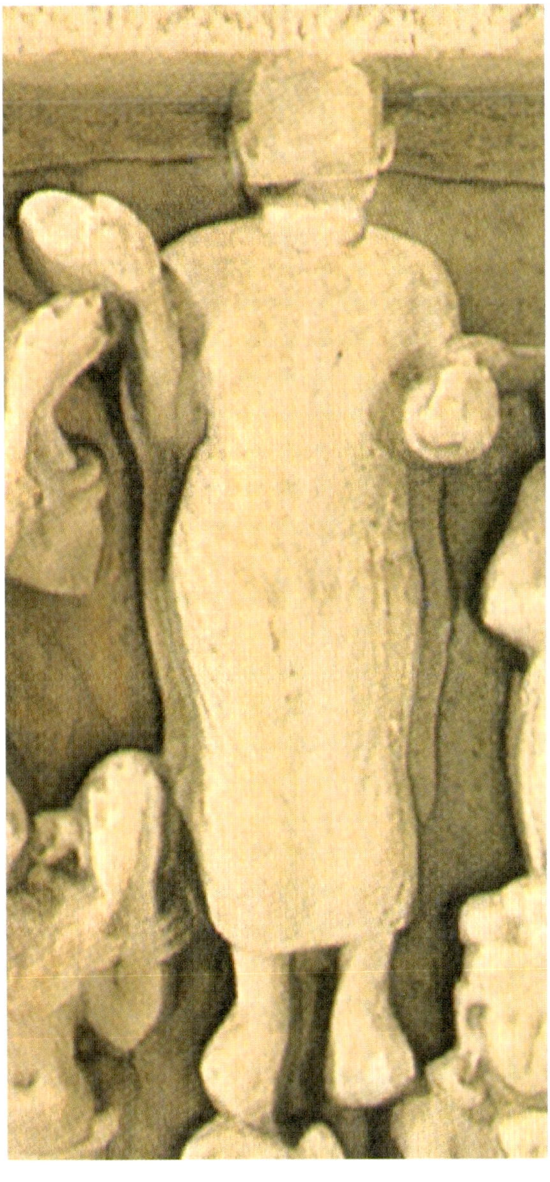

图2-87 阿马拉瓦蒂2世纪浮雕

图2-88 阿马拉瓦蒂3世纪浮雕

图2-89 阿马拉瓦蒂3世纪浮雕

二、右袒式佛像

阿马拉瓦蒂右袒式佛像，有浮雕和圆雕两种表现形式：

浮雕右袒式佛像，有坐姿和立姿两种形式。坐像结跏趺坐，形态与贵霜秣菟罗右袒式坐佛相似，如阿马拉瓦蒂 3 世纪的浮雕饰板（图 2-90、图 2-91）。右袒式浮雕立佛，右手施无畏印，左手上举呈握拳状，手中未握衣角，如阿马拉瓦蒂 3 世纪的浮雕饰板（图 2-92、图 2-93、图 2-94）。

圆雕右袒式佛像，如那嘎尔纠那科丹博物馆藏立佛（图 2-95）、海德拉巴德邦立博物馆藏立佛（图 2-96）、印度加尔各答博物馆藏立佛（图 2-97）、阿马拉瓦蒂考古博物馆藏立佛（图 2-98）。

3 世纪已是贵霜晚期，同期秣菟罗和犍陀罗佛像出现交融，秣菟罗佛像已呈现通肩式替代右袒式的样式转换，犍陀罗地区佛像则出现了右袒式。阿马拉瓦蒂佛像衣着则兼有通肩和右袒二式，但又以右袒式居多，整体风格更趋同于秣菟罗。

图2-90 阿马拉瓦蒂3世纪浮雕饰板

图2-91　阿马拉瓦蒂3世纪浮雕饰板

图2-92 阿马拉瓦蒂3世纪浮雕饰板

图2-93 阿马拉瓦蒂3世纪浮雕饰板

图2-94 阿马拉瓦蒂3世纪浮雕饰板局部

图2-95 那嘎尔纠那科丹博物馆藏立佛

图2-96 海德拉巴德邦立博物馆藏立佛

图2-97 加尔各答博物馆藏立佛

图2-98 阿马拉瓦蒂考古博物馆藏2世纪阿马拉瓦蒂佛立像

图2-99 斯里兰卡2至3世纪立佛

三、阿马拉瓦蒂佛衣种类和名称

阿马拉瓦蒂佛像，未显示穿着僧祇支，这可以从其右袒式佛像的右胸没有像犍陀罗佛像那样被遮掩看出。阿马拉瓦蒂佛像在袈裟下端靠近脚踝处的一层衣物的属性，究竟应视为裙还是安陀会，也是难以确定的，这同样涉及对其佛衣种类应归入“五衣”还是“三衣”来诠释的问题，而且也没有中国僧人涉足此地的相关记载可资参考。

阿马拉瓦蒂与斯里兰卡隔海相望，造像风格类同（图 2-99），这类佛像，具有体形粗壮，大眼，螺发，右袒着衣，右手施无畏印，左手上举握拳等特征，在斯里兰卡流行时间较长，至 9 世纪仍能见到（图 2-100）。

斯里兰卡从公元前 3 世纪至今，南传上座部比丘传承不息[19]，僧人着三衣，安陀会是下身穿着的，如果以佛衣源自沙门服饰来看，斯里兰卡佛像的衣着就可能是：上身为郁多罗僧，下身为安陀会。那么，对与之相似的阿马拉瓦蒂佛像，是否也可持同样认识呢？这是个有待进一步认识的问题。

犍陀罗、秣菟罗、阿马拉瓦蒂三地，从高到低分别处在三个纬度上，阿马拉瓦蒂地处热带，秣菟罗所处的纬度与热带也较近，地理气候对沙门服饰的影响，在义净《南海寄归内法传》中有所反映：“梵云立播者，译为裹腹衣。其所制仪，略陈形样，即是去其正背，直取偏袒。一边不应着袖，唯须一幅才穿得手。肩袖不宽，着在左边，无宜阔大。右边交带，勿使风侵，多贮绵絮，事须厚煖。亦有右边刺合，贯头纽腋。斯其本制，目验西方，有胡地僧来，多见携着。那烂陀处不睹斯衣，良由国热，人咸不用，准斯开意，直为寒乡。”

图2-100 斯里兰卡阿努罗陀补罗考古博物馆藏8至9世纪立佛

文中义净提及一款名叫立播的僧人服饰，该衣右袒披着，是古印度冬季寒冷地区僧人的棉衣，义净学习的那烂陀寺所在地沙门不需此衣。该事例说明，古印度不同纬度气候带给沙门服饰的影响，是客观存在的。气候对古印度不同地域佛衣表现的影响显然也是存在的，犍陀罗佛衣种类就较秣菟罗和阿马拉瓦蒂要多。

再联系处在更高纬度的中国沙门衣着来看，沙门服饰就更加趋于多样，义净《南海寄归内法传》："且如神州，（僧）祇支偏袒覆膊，方裙、禅袴、袍、襦，咸乖本制。"这与中国佛衣披着形态的多样性也应该存在关联。

佛像衣着形态和样式，当然受到文化习俗差异的影响，但自然地理气候条件应是导致变化的根本。

第四节 古印度佛像衣着的律典依据

一、律典中三衣的披着方式

三衣的披着方式，在佛教律典和古印度佛像中，均显示只有通肩和右袒二式，不似佛教造像在中国发展演变得那么复杂多样。

《摩诃僧祇律》记载了这两种着衣方式："齐整被（披）衣应当学，齐整被衣时不得如缠轴，应当通肩被着，纽齐两角左手捉。捉时不得手中出角头，如羊耳。""若偏袒右肩，得抄[20]左边，若通肩被，得抄右边，不得令肘现。"

从这段文字可得出以下几点认识：

其一，袈裟披着时，左手必须握有两衣角，且衣角不能伸出如羊耳朵。

其二，通肩披时，不得露出肘部。

其三，右袒披时，露右肩。通肩披时，掩双肩。

《摩诃僧祇律》同时还指出了多种释门所忌讳的披着方式："参差着内衣，百褶着内衣，石榴花着内衣，麦饭团着内衣，鱼尾着内衣，多罗树叶着内衣，象鼻着内衣。""百褶者：

多作褶。石榴花者：一边花奄。麦饭团者：总头如麦饭团。鱼尾者：垂两角似鱼尾。多罗树叶者：垄起如多罗树叶。象鼻者：一角偏垂。如是过故，为世人所讥。”

进一步来看，袈裟右上角如何安固（图 2-101）以及佛左手如何握衣角，是最易被忽视，也是认识佛像服饰最需明确的两个基本问题。如此才能够清楚什么是符合律典规制的着衣方式，及违规着衣样式（或称变化样式）。

袈裟右上角如何安固，释迦牟尼对此也是斟酌再三，“凡经四制”，最终采取将袈裟右上角搭于左肩，并辅以钩纽固衣的方式，该事件分别记录在道宣的《律相感通传》和元照《四分律行事钞资持记·释二衣篇》中：

道宣《律相感通传》：“佛初度五人，爰及迦叶兄弟，并制袈裟左臂，坐具在袈裟下。西天王臣皆被白氎，搭左肩上，

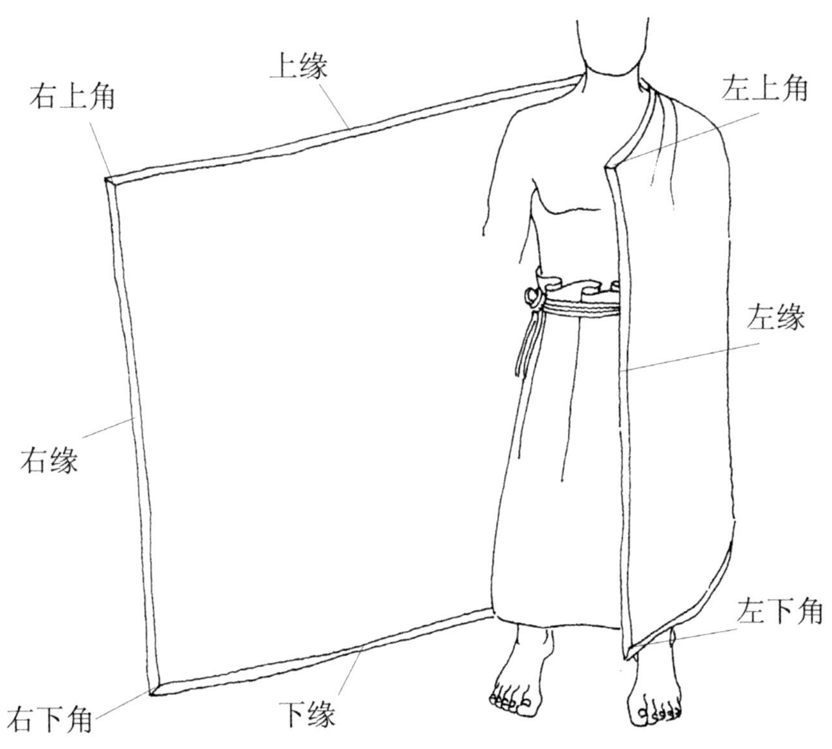

图2-101 袈裟部位示意图

故佛制，衣角居臂异俗。頞鞞比丘威仪度物，尔时法服犹未搭肩。后度诸众，徒侣渐多年，少比丘仪容端美，入城乞食，多为女爱。由是佛制，衣角在左肩，后为风飘，听以重物镇上，比丘不达佛意，自造镇衣之物，种种庄严，诸俗讥嫌。比丘以事白佛言：‘我前听安重物，即是尼师坛，余者不合。’后王舍城外道，名达摩多……至唯见比丘，便问比丘：‘肩上片布持将何用？’答曰：‘拟将坐之。’又问：‘汝所披衣名何等。’圣答云：‘忍辱铠[21]也。’又问：‘何名忍辱铠？’答曰：‘即是为三宝之相，上制天魔，下降外道。’达摩多云：‘此衣既为可贵，有大威灵，岂得以所坐之布而居其上？为是瞿昙[22]教汝？为是汝自为之？’诸比丘咸皆默然。……比丘食讫还僧坊中，以事白佛。由此佛制，还以衣角，居于左臂，坐具还在衣下。于后比丘披着袈裟，多不齐整，诸离车子[23]讥言：‘无有威仪，所披衣服状如淫女，犹如象鼻。’由此始制，上安钩纽，令以衣角达于左臂，置于腋下，不得令垂如上过也。”

元照《四分律行事钞资持记·释二衣篇》：“今准《感通传》[24]天人所示凡经四制，世多迷执略为引之。彼云：元佛初度五人，爰及迦叶兄弟并制袈裟左臂坐具在袈裟下。西土王臣皆披白氎搭左肩上。故佛制衣角居臂异俗（此一制也）。后徒侣渐多，年少比丘仪容端美，入城乞食多为女爱，由是制衣角在肩后为风飘，听以尼师坛镇之（此二制也）。后有比丘为外道难言：袈裟既为可贵，有大威灵，岂得以所坐之布而居其上？比丘不能答，以事白佛。由此佛制还以衣角居于左臂，坐具还在衣下（此三制也）。于后比丘着衣不齐整，外道讥言状如淫女，犹如象鼻。由此始制上安钩纽，令以衣角达于左臂（达即到也）。置于腋下，不得令垂如上过也（今须准此乍可排着左肩，若垂臂肘定判非法，步步结罪。旧云今在左臂为正但不得垂尖角者非也）。”

概略地讲：

一制：释迦为使僧俗有异，最早是将袈裟右衣角设计敷搭在左臂。

二制：由于前制使比丘受到世俗的纠缠，遂改为将衣右角搭于左肩，复以坐具尼师坛镇压防其滑落。

三制：由于尼师坛压左肩遭外道质疑，遂又改回将衣右角敷搭左臂。

四制：由于右衣角敷搭左臂状如象鼻，遭世人讥讽，释迦最终确立给袈裟设置钩纽，用于安固右衣角，衣角须置于左肩。

道宣《律相感通传》对如何处理袈裟右上角和左手握衣角，也有概要总结："入林坐禅，且三衣右角皆在左肩。""余见古之瑞像今此方见制者，莫不以衣搭于左肩，然始后取衣角共左臂内衣角，屈而捉之，努（一作恐）出二角，如羊耳之相。斯则俯同此律，亦是圣之楷模焉。"

义净《南海寄归内法传》对此也有表述："若对尊容事须齐整，以衣右角宽搭左肩，垂之背后，勿安肘上。若欲带纽，即须通肩披，已将纽内峋，回向肩后勿令其脱。以角搭肩，衣便绕颈。双手下出，一角向前，阿育王像正当其式。"

道宣记载了他所见古代佛像均是袈裟右上角搭于左肩，且左手所握两衣角是经弯曲折叠的，避免了手中两衣角伸展如羊耳。义净则以其所见阿育王像为例，认为其着衣方式符合律中规制。我们可以再循两位大德的视角，来考察佛教衣着规制在佛像中的执行状况，着重于道宣所言"古之瑞像"和义净提到的"阿育王像"，例如四川乐山麻浩东汉墓浮雕佛像，佛左手握有袈裟的左下角和右下角；四川彭山东崖墓出土摇钱树佛像，佛左手作握衣角状；美国旧金山亚洲艺术馆藏后赵建武四年（338）金铜佛正、背面（图2-102、图2-103）；日本大阪市立美术馆藏

图2-102　后赵建武四年金铜佛正面，袈裟右上角搭于左肩

图2-103　后赵建武四年金铜佛背面，袈裟右上角搭于左肩

大夏胜光二年（429）金铜佛正、背面（图 2-104、图 2-105）；美国哈佛大学美术馆藏十六国金铜佛正、背面（图 2-106）；日本东京国立博物馆藏十六国金铜佛正、背面（图 2-107、图 2-108）；十六国金铜佛（图 2-109）；日本京都国立博物馆藏十六国、北魏之际金铜佛正、侧面（图 2-110）；日本永青文库藏元嘉十四年（437）韩谦造像正、侧面（图 2-111、图 2-112）；成都西安路出土梁太清五年（551）阿育王像正、侧面（图 2-113、图 2-114）。

图2-104　大夏胜光二年金铜佛正面，袈裟右上角搭于左肩

图2-105　大夏胜光二年金铜佛背面，袈裟右上角搭于左肩

图2-106 美国哈佛大学美术馆藏十六国金铜佛正、背面，袈裟右上角搭于左肩

图2-107 日本东京国立博物馆藏十六国金铜佛正面，袈裟右上角搭于左肩

图2-108 日本东京国立博物馆藏十六国金铜佛背面，袈裟右上角搭于左肩

图2-109 十六国金铜佛，佛左手握袈裟的左下角和右下角，两衣角被提起且衣角显然被反折手中，未呈羊耳状

图2-110 日本京都国立博物馆藏立佛正、侧面，该佛袈裟右上角搭于左肩，左手握衣角

图2-111 宋元嘉十四年韩谦造像正面，袈裟右上角搭于左肩

图2-112 宋元嘉十四年韩谦造像侧面局部，袈裟右上角搭于左肩

图2-113 梁太清五年阿育王像正面，袈裟右上角搭于左肩

图2-114 梁太清五年阿育王像侧面，袈裟右上角搭于左肩

在成都万佛寺出土有数身形制类同西安路的阿育王像，这也是世上仅存的几身阿育王像，造像手部均残。从中可以领略义净“阿育王像正当其式”的具体所指。经由秣菟罗博物馆藏笈多时期秣菟罗立佛正、侧面像（图 2-115、图 2-116），可弥补对阿育王像残损左手的认识，具体来看，袈裟右下角和左下角应是先搭于左手腕，绕手腕一周，再握于左手中。律典中提到通肩式袈裟在穿着完成之时，必须将身体左侧垂衣两角对齐，握于左手之中，并且两衣角在手外不能形如羊的两只耳朵，同时也可避免律典所忌讳衣“垂两角似鱼尾”（图 2-117）情况的发生。类似的做法，在犍陀罗立佛中较为常见，如该地出土 1 至 2 世纪立佛（图 2-118、图 2-119）。

图2-115 秣菟罗博物馆藏笈多时期秣菟罗立佛正面

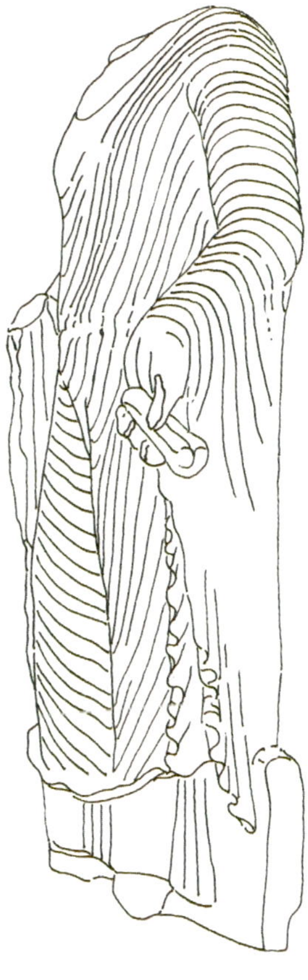

图2-116 秣菟罗博物馆藏笈多时期秣菟罗立佛侧面

图2-117 律典忌讳的袈裟“垂两角似鱼尾”示意图

图2-118 白沙瓦博物馆藏1至2世纪佛立像

图2-119　大英博物馆藏2世纪犍陀罗佛立像

通过两身金铜佛像，可以获得对袈裟左下角和右下角如何搭于左手腕的认识，如日本东京国立博物馆藏北魏太平真君四年（443）菀申造像（图 2-120），美国大都会博物馆藏北魏太和元年（477）弥勒佛像（图 2-121、图 2-122），这两身分别造于北魏灭佛（446 — 452）前后的金铜立佛，形制极为相似，均着通肩式袈裟，袈裟右上角搭于左肩，值得注意的是二佛的袈裟左下角和右下角，被提起搭在佛的左肘上，并没有绕腕握于左手。

另外北齐天保二年（551）高睿造释迦像，也是现存为数不多的，能够看清衣角如何被反折握于左手的像例（图 2-123）。

律典规制要求沙门披着袈裟，须将袈裟右上角搭左肩，左手握两衣角，以上实物资料也显示了其在佛像表现中均有体现。

图2-120 北魏太平真君四年菀申造像正、侧面

图2-121 北魏太和元年弥勒佛像正面

图2-122 北魏太和元年弥勒佛像侧面

图2-123 北齐天保二年高睿造释迦像，注意该佛左手握有反折后的衣角

图2-124 玄奘和义净描述天竺沙门僧祇支推定图

图2-125 义净描述经缝制的僧祇支推定图

二、僧祇支、裙及其与三衣的披着次序

玄奘和义净的西行实考，均显示天竺僧众所着法服除三衣外，就是僧祇支和裙。由于这两款服饰也被认为出现在了佛像表现中，有必要明确其形制及和三衣的关系。

1. 僧祇支

僧祇支何以成为僧尼之衣，律中讲到无论是比丘尼还是比丘，在出入世俗环境时，为避免衣着露体，遭人讥讽，释迦选择让僧尼穿着僧祇支，这样可以起到裹覆胸部，掩蔽隐私，整肃仪表的作用，此举也是对三衣不足之处的补充。晋宋之际和初唐传入汉地的五部律藏，以及南传律藏均要求沙门置办僧祇支。

僧祇支的形制，展开亦为一块长方形大布，玄奘和义净西行考察，均提及天竺沙门五衣中有僧祇支，呈右袒披着（图 2-124）。义净讲到所见僧祇支无须割截，为整幅绢或布，亦有将布略作缝合作右袒穿着的半成衣（图 2-125）。今由奈良西大寺藏镰仓时代僧祇支，可获得一些对汉传佛教文化圈内这种未经田相割截缦衣（图 2-126）的直观认识。

僧祇支只是一块没有特别制作要求的长方形大布，是一种缦衣[25]。查看炳灵寺、麦积山、莫高窟中的彩塑佛像，最里层右袒披着之衣，确未饰以田相图案，而在这些佛像的外披袈裟上，多饰有田相图形。

僧祇支的尺寸，在《摩诃僧祇律》中有明确表述，即“长四修伽陀搩手，广两搩手半。若过作，截已，波夜提”。

南传律藏对僧祇支只给了披着后的形象尺寸，即“僧祇支衣者，颈以下，脐以上，为覆盖之物”。

元照在其《四分律行事钞资持记·释二衣篇》中给出僧祇支的尺寸是“长七尺二，广四尺五”，今将

《摩诃僧祇律》及《四分律行事钞资持记》中僧祇支尺寸换算为今人尺度，列表如下（见表 2-2）：

表2-2《摩诃僧祇律》和《四分律行事钞资持记》僧祇支尺度对照表

单位：厘米

	《摩诃僧祇律》	《四分律行事钞资持记》
僧祇支长（合今人尺度）	234.72	221.184
僧祇支宽（合今人尺度）	117.36	138.24
备注：《摩诃僧祇律》中明示该尺寸用于比丘尼僧祇支，《四分律行事钞资持记》未对僧祇支作性别区分。		

如果将表中《摩诃僧祇律》所示僧祇支衣量与前文同律所示三衣衣量做比较，可以看出僧祇支远较三衣衣量小，即便是就三衣中“下者”衣量而言，也要短近 40 厘米，并且律典所示该尺寸为绝对尺寸，并不要求量体裁衣。南传律藏中对僧祇支的尺寸要求也远小于三衣，要求三衣披着完成后当覆全圆，即覆盖双膝，而对僧祇支，只要求覆盖住脐部。

图2-126 奈良西大寺藏镰仓时代僧祇支，该僧祇支实际也不是一块完整的大布，而是经由三块横向布料缝合而成

2. 裙

裙，依据形制的不同，律中将其分作两种，一种称涅槃僧（nivāsana）或泥洹僧，玄奘《大唐西域记》称作泥缚些那，其外形为一块长方形大布（图 2-127）。另一种称俱修罗（kusūla）或厥修罗，义净在《根本说一切有部百一羯磨》译作厥苏洛迦，其外形呈圆筒状（图 2-128）。

有关裙的由来，律中阐述不一，其功能大体类同帮助僧尼遮蔽下体的掩羞衣，或保护身体疮伤的覆疮衣。

涅槃僧和俱修罗虽为两种不同形制的裙，但前者在一定条件下可以转化为后者，即只有在泥洹僧破损之后，方可考虑缝合两头改为俱修罗。

裙的尺寸，各部律藏中只有《十诵律》就涅槃僧和俱修罗分别给出了两个具体尺寸，其中涅槃僧“长四肘，广二肘”（合今人尺寸：长 221.184 厘米，宽 110.592 厘米），俱修罗的平展尺寸是“长四肘，广二肘半”（合今人尺寸：长 221.184 厘米，宽 138.25 厘米）。

另有《四分律》只给了涅槃僧的尺寸，即“长佛四搩手，广二搩手”（合今人尺寸：长 234.72 厘米，宽 117.36 厘米）。

裙的披着方式，各部律藏未作具体阐述，相关认识可综合道宣的文献考据及义净的实地考证。

道宣《四分律删繁补阙行事钞》：“泥洹着法：一、不持下着上；二、使四边等；三、襞头[26]近左面；四、结带于右面；

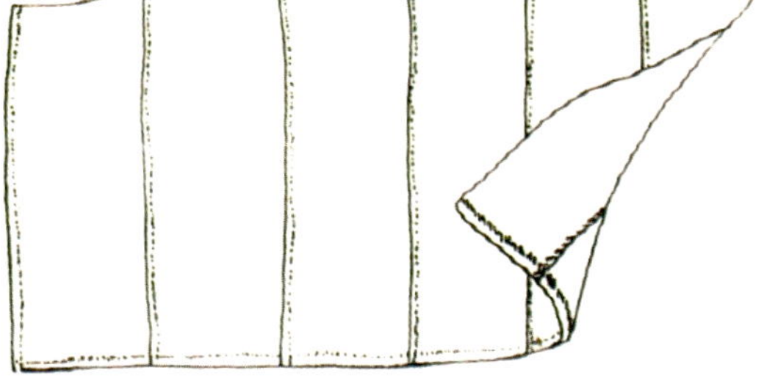

图2-127 涅槃僧示意图

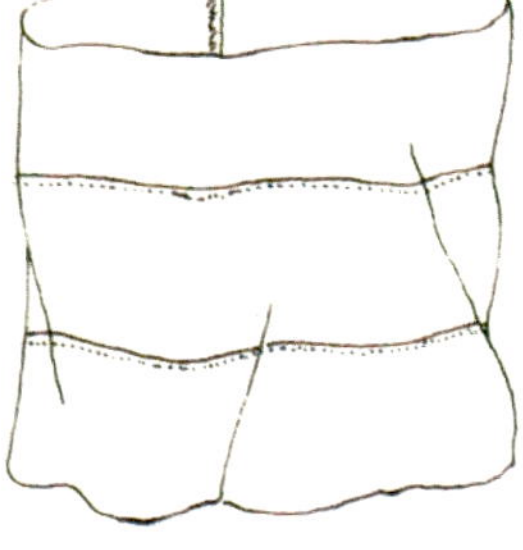

图2-128 俱修罗示意图

五、当三绕不垂两头。”“褶着前……两边两褶，当后两褶。”

义净《南海寄归内法传》：“其着裙法式……绕身既讫抬使过脐，右手牵其左边上角，在内牵向腰之右边。左边上裙，取外边而掩左畔。两手二畔举使正平。中间矗直即成三褶。后以两手各蹙至腰，俱将三迭向后掩之。……后以腰绦长五肘许……缠彼两绦可令三度。”

此外律典对涅槃僧的着装位置也有明确规定，即系带于脐，裙下至踝上三指等，今参照上述说法，将涅槃僧穿着形式示意如图 2-129。

图2-129 涅槃僧穿着示意图

道宣和义净的记载，实际针对的是裙中涅槃僧的披着方式，并未涉及俱修罗的具体穿法，想来穿着后的外观应和涅槃僧无甚区别。二人的考据是互为印证和补充的，其中一些要素，如涅槃僧系带当三绕其身，结带于身体右面等，均是考察佛像衣着演变的基础。

3. 僧祇支、裙与三衣的披着关系

有关僧祇支与三衣及裙的披着次序，存在一定的复杂性，导致这种复杂性的原因有多种，包括不同部派理解释迦教义的差异；沙门服饰由制衣到听衣的变化发展；僧、尼着衣的差异等。

如《四分律》载比丘穿着僧祇支的次序：“我（比丘）欲入村，彼当洗手，已衣架上徐徐取衣，勿使倒错。当取安陀会舒张抖擞看，勿令有虫蛇蜂诸恶虫。次取腰带、僧祇支、郁多罗僧舒张抖擞看，勿令有蛇蜂诸恶虫，当授与和尚，应迭僧伽梨着头上若肩上，复次取钵。”着衣次序为：

安陀会→腰带→僧祇支→郁多罗僧→僧伽梨（大衣僧伽梨不要求穿着，只需叠好后顶于头上或置于肩上）。

《摩诃僧祇律》载比丘尼穿着僧祇支的次序：“尔时有年少比丘尼，端正乳出，人见皆笑，诸比丘尼以是因缘往白佛，乃至答言实尔。佛言：‘从今日后，当作僧祇支，作法者如上说，应先着覆乳衣，然后着余衣。’”该文明确了僧祇支为掩羞覆乳之衣，当先于其他衣穿着。

《十诵律》中亦有释迦对比丘入村乞食时着衣顺序的规定，但内容与《四分律》有出入，具体内容为："佛言：……徐就架上取安陀卫（安陀会）……徐就架上取泥洹僧……徐就架上取郁多罗僧……徐就架上取僧伽梨，莫牵，安徐着左肩上。"着衣次序为：

安陀会→泥洹僧→郁多罗僧→僧伽梨（僧伽梨只需置于左肩）。

同是针对沙门入村着衣次序，两部律藏表述却不尽相同，《四分律》中缺少涅槃僧，而《十诵律》缺少僧祇支。

东汉安世高译《大比丘三千威仪·卷上》，对比丘着五衣的次序有较全面具体的表述："着三法衣有五事：一者，着泥洹僧（裙），上无中尼卫[27]（僧祇支），不得着安陀会。二者，着中尼卫，上无安陀会，不得着郁多罗僧。三者，着安陀会，上无郁多罗僧，不得着僧伽梨。四者，三衣当令中外等。五者，不得过三色。如法行步，是为道法。"此文表述的沙门着衣顺序，依序先后分别是：

裙→僧祇支→安陀会→郁多罗僧→僧伽梨。

僧祇支和裙应是比丘上、下身贴体内衣，这也经由义净在《南海寄归内法传》中的表述"僧脚崎……房中恒着，唯此与裙，出外礼尊，任加余服"得到印证。

律典中有关制、听两类衣着的出现，有先后性，属制衣范畴的三衣先行产生。由此，安陀会是为贴体内衣。随着僧祇支、裙等听衣的出现，僧祇支和裙遂成为僧尼上、下身日常生活贴体穿着的内衣。《大比丘三千威仪》及《南海寄归内法传》中的沙门衣法，应是针对三衣、僧祇支和裙这五衣披着次序的终极阐述，这对于考察佛着僧祇支的犍陀罗佛像衣着种类和披着次序，均有借鉴作用。

三、南传佛教律藏中有关三衣的披着次序

秣菟罗、阿马拉瓦蒂的右袒式佛像，均未表现僧祇支，加之南传佛教地区的僧人只着三衣，佛像亦未出现僧祇支。

南传律藏也要求沙门必须置办三衣，同时也对每层袈裟的厚度作了具体规定，南传律藏第三册《三衣制定》中，描述了释迦如何增添衣物，度过寒夜的经历："世尊于寒冷冬夜……唯着一衣，坐于露处，世尊无有冷意。初夜过后，世尊生起冷意，世尊乃缠二衣，世尊无有冷意。中夜过后，世尊生起冷意，世尊乃缠三衣，世尊无有冷意。后夜过去，夜将明时，世尊生起冷意，世尊乃缠四衣，世尊无有冷意。"释迦以四层衣物度过寒夜，但在制定律条时，还是只有三衣，只是规定僧伽梨须有两层布的厚度，即"（世尊）许三衣：两重僧伽梨，一重郁多罗僧，一重安陀会也"。北传汉译律典中，以旧衣料缝制的三衣，对每件的厚度要求更加宽松，几乎是根据着衣需要，随意增厚，所谓"若性不堪寒者，听弊故衣，随意重纳"。南传佛教所经之地，普遍处在低纬度地区，气候常年温暖[28]，只着三衣即可御寒，这一点与中国内地不同。

除三衣必须持有外，南传律藏中也有关于听许沙门依据个人需求置办的衣物，如雨浴衣于雨时四月间可持有，之后让与他人。敷布、覆布可持有。覆疮布于生病期间可持有，病愈应让与等。

对于僧祇支披着，南传律藏中针对的仅是比丘尼，《不着僧祇支衣戒》："任何比丘尼，不着僧祇支衣而入村者，波逸提。"对于安陀会和涅槃僧，南传律藏均视二者为一物，用于下半身披着。

若以南传律藏着衣规制来看，南亚的斯里兰卡及东南亚缅甸、泰国、柬埔寨、老挝等南传佛像下半身衣着就应称作安陀会，上身内着郁多罗僧，外着僧伽梨。南传律藏《具足戒》："若和尚入村时，应奉裙、取副裙（裙带）、奉衣带（郁多罗僧及带饰），叠、奉僧伽梨。"着三衣的先后次序是：安陀会（或称内衣、涅槃僧、裙）→郁多罗僧→僧伽梨。南传佛教地区僧人和佛像的僧伽梨，多以折叠镇压左肩覆左半身的方式表现。印度本土秣菟罗等地未表现僧祇支的佛像衣着，是否也能据此释读仍需审慎，因其存在复杂性。

注释：

1. 黄心川：《印度佛教哲学》，辑入任继愈《中国佛教史》第 1 卷，中国社会科学出版社，1985，第 538 页。
2. 宫治昭：《近年来关于佛像起源问题的研究状况》，《敦煌研究》2000 年第 2 期。
3. 约翰·马歇尔：《犍陀罗佛教艺术》，许建英译，新疆美术摄影出版社，1999，第 59 页。
4. 高田修：《仏像の诞生》，岩波新書，1987，第 102 页。
5. 约翰·马歇尔：《犍陀罗佛教艺术》，第 98 页。
6. 佛陀在世时，所说教义和戒律均未立文字，弟子们在其逝世后举行会诵经典，以此还原佛之最初教义。相传在迦腻色伽之前，沙门已举行过三次结集。
7. 黄心川：《印度佛教哲学》，第 538 页。
8. 高田修：《佛像的起源》，高桥宣治、杨美莉译，华宇出版社，1985，第 514 页。
9. 冈田健、石松日奈子：《中國南北朝時代の如來像著衣の研究〈上〉》，《美術研究》356 号（1993 年）。
10. 高田修阐述犍陀罗佛像衣着："从腰至足胫的中间地方，包裹起来的衣物，很明显地，是裙（泥洹僧），而不应该把它看成是安陀会等之物。"高田修：《佛像的起源》，华宇出版社，1985，第 514 页。
11. A. Foucher, *The Beginnings of Buddhist Art*, Paul Geuthner, 1917.
12. 有关文殊山千佛洞立佛与犍陀罗佛像衣着比较，参见赵声良《敦煌石窟早期佛像样式及源流》，《敦煌学》第 27 辑（2008 年）。
13. 尼师坛是释迦为沙门制定的坐具，其形制也是一块长方形布，规格小于三衣。
14. 高田修：《佛像的起源》，第 585 页。
15. 肉髻，是指佛头顶耸起的髻状物，为佛之三十二相之一，《长阿含经》记载，第三十二相即是"顶有肉髻"。肉髻也是佛像塑造必须具备的特征，古印度佛像不分地域均呈现这一特征，但在具体处理上存在地域形态差异，如犍陀罗主要表现为波浪式束发肉髻，秣菟罗迦腻色伽时期为螺状肉髻，秣菟罗迦腻色伽以后出现无纹肉髻和螺发。无纹肉髻在犍陀罗佛像中亦可见到，螺发则可能在笈多时期前后才传至犍陀罗。《长阿含经》载三十二相之十一相："一一孔一毛生，其毛右旋，绀琉璃色"，第十二相："毛生右旋，绀色仰靡"。《方广大庄严经》载佛八十种好中之七十九好即是"发彩螺旋"。螺发应该是最贴近经典记载的佛之体貌特征。

16. 参见松原三郎《中国仏教彫刻史研究》图版 3ab，吉川弘文館，1961。该佛上半身衣纹以阶梯状和阴刻线结合，下半身衣纹多用阴刻线。
17. 任继愈、杜继文主编:《佛教史》，中国社会科学出版社，1991，第 55—56 页。
18. 李玉珉：《佛陀形影》，台北故宫博物院，2011，第 38—39 页。
19. 净海：《南传佛教史》，宗教文化出版社，2002，第 11—113 页。
20. "抄"，《康熙字典》有"遮取"之意。本文作遮掩解，似更符合文义。
21. 忍辱铠，丁福保编《佛学大辞典》解：忍辱能防一切之外难，固譬以甲铠。此处特指尼师坛。
22. 瞿昙，是释迦种姓乔答摩之旧称。
23. 离车子，刹帝利种族之称，又译作贵族、豪族等。
24. "感通传"指《感通传》，又称《律相感通传》。
25. 缦衣，元照《佛制比丘六物图》："言缦者，无条相故。"
26. 襞头，这里指左衽披着的裙之短边。
27. 泥洹僧，即涅槃僧（裙）。尼卫，宋法云《翻译名义集》释作"里衣"。另道宣《四分律删繁补阙行事钞》在引述《三千威仪经》内容时，将中尼卫释作僧祇支。即"《三千威仪经》：不着泥洹僧，不得着僧祇支，如是重重，乃至最上着僧伽梨（故知三衣上下重着）"。
28. 所指不包括局部高海拔地区气候的特殊性。

第三章

笈多时期秣菟罗及萨尔那特佛像服饰

公元320年，旃多罗·笈多建立笈多王朝（320—600），秣菟罗仍位于王朝的腹地，而犍陀罗却未被笈多王朝牢固掌控，同期为波斯人和贵霜人相继占有，此地统治者虽倡导佛教，但少有佛像存世。至460年，嚈哒人占领犍陀罗后，灭佛毁寺，取而代之的是印度教神祇，犍陀罗佛教艺术就此衰落。[1] 笈多时期，是印度佛像制造的又一高峰，同期中印度的秣菟罗和萨尔那特[2]，出现了新的佛像样式，学界通常将两地造像视为这一时期印度佛像的代表，笈多王朝的佛教造像又被视为黄金时代的经典，其中尤以萨尔那特佛像最为夺目。

第一节 秣菟罗佛衣

笈多时期秣菟罗地区造像仍以通肩式佛衣为主，较贵霜时期的造像出现了新变化，主要表现在以下几个方面：

其一，佛多作螺发，脸形由前期圆形变为鹅蛋形，眼睛由圆睁变为微睁，体形较贵霜时期要修长。

其二，佛衣在一定程度上，向贵霜薄衣贴体样式回归，逐渐摆脱了前期来自犍陀罗的风格影响。裙带及身体细部结构，又可透过袈裟看到，与贵霜迦腻色伽佛像裙带比较，笈多佛像裙带系着高低位置未变，却将系结置于身体左侧，这已与律典要求不符，如新德里总统官邸藏立佛（图3-1、图3-2）。

其三，通体表现佛衣折皱，延续了前期的风格，但在线条处理上，改阴刻线为凸起线，衣纹刻画精细有力。与贵霜后期秣菟罗衣纹有所不同的是，笈多秣菟罗佛像衣纹，对之前U形对称排列的处理方式作了改进，不似之前那么完全机械性地排

图3-1 笈多时期佛立像

图3-2 秣菟罗考古博物馆藏5世纪佛立像

列，特别反映在对佛上半身衣纹的处理，一定程度上体现了袈裟披着时应有的褶皱走势，衣纹构成更趋自然合理。

新德里印度考古调查局收藏的一身秣菟罗佛立像（图3-3），具有秣菟罗地区佛像由贵霜向笈多转变的过渡特点。一方面佛像身躯粗短壮硕，圆脸大眼，佛衣表现厚重，这都是秣菟罗贵霜佛像后一阶段的特征。另一方面，佛像的衣纹为凸起线，这是秣菟罗笈多时期佛像流行的衣纹表现形式。此外，该像也清楚展示了佛左手握有袈裟的左下角和右下角。

贵霜秣菟罗佛像在凸起的衣襞棱上加饰阴刻线，以及U形对称阴刻线衣纹，对中国5世纪初前后佛衣表现影响深刻。笈多秣菟罗类似泥条贴塑的凸起衣纹，对中国佛衣表现也产生了影响，但规模不及前者大，如成都地区出土6世纪中期的数身形制类同的阿育王像；纪年像有成都西安路出土梁太清五年（551）柱僧逸造阿育王像；在山东青州地区，也出土了数身类似表现手法的佛像[3]（图3-4）；新疆地区有如锡克沁石窟星宿窟7至8世纪立佛[4]（图3-5）。

图3-3 新德里印度考古调查局藏佛立像

图3-4 青州博物馆藏北齐立佛

图3-5 锡克沁石窟寺星宿窟

第二节 萨尔那特佛衣

笈多时期，位于印度中东部地区的萨尔那特，出现了一种新型的佛像表现形式，又称鹿野苑式（图3-6、图3-7、图3-8、图3-9、图3-10），与笈多秣菟罗造像并称为同期印度佛像的代表，其佛像特征如下：

其一，佛像多作螺发，体形及面部特征与同期秣菟罗佛像类似。

其二，着通肩式袈裟和裙，佛像衣纹几乎不作雕刻，仅在衣缘处稍作雕饰。本应自然悬垂的袈裟均被处理到凸起的形体之后，以强化造型的立体感。这一手法与秣菟罗早期佛衣处理如出一辙，可以看出两者之间的渊源。

其三，佛像腰间裙际，以一条精妙的阴刻线暗示裙带，亦有少数表现裙带者，带结系于身体左侧，裙带系结位置与笈多秣菟罗一致。

其四，佛左手除作手印外，均握有衣角。

于距离萨尔那特东部不远的比哈尔苏丹甘吉出土，现藏于英国伯明翰市博物馆的一身铜立佛（图3-11）上，可以看

图3-6 吉美博物馆藏萨尔那特佛像

图3-7 萨尔那特考古博物馆藏萨尔那特立佛

图3-8 萨尔那特考古博物馆藏萨尔那特立佛

图3-10 萨尔那特5世纪立佛

图3-9 加尔各答印度博物馆藏萨尔那特立佛

图3-11 比哈尔苏丹甘吉出土铜立佛

到与萨尔那特风格相似的表现，但不同的是佛衣衣襞作了极具程式化的对称弧形阴刻线的处理。

除上述特征外，萨尔那特佛像还有一些与佛衣可能存在关联的造像因素，需要关注：

如藏于萨尔那特考古博物馆的坐佛（图 3-12、图 3-13、图 3-14），这类坐佛在双腿之下与坛基表面有一块带有折皱的布，向坛基正立面延伸，该布似与佛衣无涉，所表现的应是尼师坛，这是释迦为弟子们坐禅时所制定的坐具，其形制仍是一块长方形布。关于具体尺寸，《四分律》有如此记载："长佛二搩手上，广一搩手半。"换算为今人尺度约长 117.36 厘米，宽 88.02 厘米。《戒坛经》描述其象征意义时讲道："尼师坛，如塔之有基也。"[5] 在犍陀罗和秣菟罗对坐佛的表现中，常能看到类似的一块布从佛身体下方伸延出来，有学者将其视为佛衣的一部分。[6] 联系这尊萨尔那特造像的表现形式来看，延伸至坛基边缘的布究竟为何物，仍是需要进一步关注的问题。

又如笈多时期萨尔那特式的一件倚坐佛（图3-15），其佛衣与犍陀罗晚期倚坐佛像衣着类似，该佛作说法印，着三层服饰，在外层袈裟，与最下层的裙之间有一层服饰，衣量与表层袈裟相近，由此判断该坐佛上身由内而外分别披着安陀会和郁多罗僧。另外，从佛右手只撩起一层袈裟这一特征来看，安陀会是右袒披着的。

图3-12 萨尔那特佛坐像

图3-13 萨尔那特佛坐像

图3-14 萨尔那特佛坐像

图3-15 笈多萨尔那特佛像

萨尔那特出土的另一身倚坐佛（图3-16）的衣着，或有助于对上述倚坐佛衣着的认识。佛体形偏粗短，双目和嘴唇较凸显，佛像几乎不表现衣纹，具有贵霜向笈多过渡的造像特征。上身的右袒式佛衣也是同期佛像不常见的，这层佛衣没有遮覆右胸，不应视为僧祇支，应为安陀会，佛下身着裙。值得注意的是该佛亦为倚坐，手作说法印，其左手正是从袈裟位于身体

图3-16 萨尔那特坐佛

左侧的夹缝处伸出，可以设想，若该佛上身再通肩披一层袈裟，其着衣概貌应与上述着有三层衣物的倚坐佛相似。

第三节 笈多秣菟罗、萨尔那特两地造像的关系

秣菟罗和萨尔那特两地佛像制造各有特色，却也相互影响，秣菟罗佛像雕塑用材，取自附近希克里采石场，石材为红砂岩。萨尔那特雕像石材则是呈灰黄色的朱那尔砂岩。二者石材的不同，可以通过颜色和质感差异辨别。

贵霜时期迦腻色迦三年铭佛立像，虽然出土于萨尔那特，但其赤色砂岩显示，制造地应是秣菟罗，之后运到初转法轮的圣地鹿野苑，即今萨尔那特。这显示，自贵霜迦腻色迦时期，秣菟罗和萨尔那特之间，就存在一条联系两地的纽带。

笈多时期，萨尔那特崛起，成为又一佛教造像中心，其源出于何地，及与秣菟罗造像的关系，为学界关注。

在秣菟罗和萨尔那特，都曾发现4世纪身着无衣纹佛衣的佛像。关于其先后问题，有学者认为，不施衣纹的表现手法是出自秣菟罗的，而这种风格之所以没有在秣菟罗流行发展，是因为秣菟罗有着自己的雕刻传统，人们也更习惯带有精美衣纹的秣菟罗佛像。[7] 也有学者认为，从年代考据和风格分析来看，萨尔那特博物馆藏的一件无头佛像（图3-17），应早于秣菟罗政府博物馆藏佛立像（图3-18）。“与萨尔那特佛像形成对比，这尊佛像对脸部及身体的表现反映了更早时期的风格趋势。显而易见，这尊佛像是在萨尔那特制造，然后运输到秣菟罗的。这尊佛像左手握住衣角，佛衣下摆在身体左侧垂下的衣纹为弯曲的Z字形，该特征在萨尔那特佛像中从未出现。这尊佛像身形较为矮小和僵直，两腿之间雕有物件的特征也更符合早期表现手法。”[8]

虽然佛陀身躯左侧垂下的佛衣弯曲呈Z字形，多见于笈多秣菟罗佛像，但在萨尔那特并非没有，如新德里国立博物馆藏萨尔那特出土5世纪佛立像（图3-19）。

图3-17　萨尔那特考古博物馆藏佛立像，公元350—375年，高218厘米

图3-18 秣菟罗政府博物馆藏佛立像，4至5世纪

图3-19 新德里国立博物馆藏萨尔那特出土佛立像

此外，两尊佛像腰带的系结位置和无畏印的掌心方向也能体现出其年代先后，图 3-17 这尊佛像腰带在身体右侧系结，掌心微微朝向左侧，符合贵霜时期的塑造习惯，而图 3-18 腰带在身体左侧系结，掌心朝向正前方，符合笈多中期造像特征。所以不施衣纹的表现手法，应是萨尔那特首创，并影响了秣菟罗佛像，在秣菟罗出现几件无衣纹佛像，或应特殊需求所致。[9]

在笈多早期，萨尔那特的雕刻作坊逐渐发展出属于自己的新风格，不施衣纹便是其显著特点之一，该风格虽未成熟，但逐渐出现在若干萨尔那特和秣菟罗的佛像之中。在约 4 世纪晚期，萨尔那特雕刻家摆脱贵霜时期造像的陈规束缚，探索出属于自己的独特风格，也很可能是在这一时期，萨尔那特风格开始影响秣菟罗风格。[10] 除了佛衣不施衣纹这一明显特征外，一些细微的变化如掌心正对前方的无畏印、微弯的腿部、较修长的身形，都是笈多萨尔那特佛像区别于贵霜时期的新特点。

约 5 世纪中期以后，较早可以见到的，系结于身体右侧或左侧的腰带，在萨尔那特佛像中消失，取而代之的是以出现在腰部的一条阴刻线示意腰带。但笈多秣菟罗佛像却一直保持着腰带于身体左侧系结的特征。与此同时，萨尔那特佛像除拥有圆形头光外，还出现了萨尔那特所特有的“舟形背光”[11]。

约在5世纪末以后，萨尔那特佛像又出现了一些新的变化，从姿态看，出现了倚坐佛像，这不见于秣菟罗，却在犍陀罗晚期造像中可以见到。

第四节 萨尔那特与同期秣菟罗佛教造像的比较

秣菟罗佛教造像在贵霜时期极为兴盛，在笈多时期，秣菟罗与萨尔那特并称为两大佛教造像中心。但与萨尔那特相比，无论是数量还是艺术成就，笈多时期的秣菟罗造像都略逊一筹，通过对比两地佛像的相容、衣纹、头光、背光、手印、持物，可进一步明确笈多时期萨尔那特佛像与秣菟罗佛像的风格特点。

一、相容

1. 肉髻

在佛陀的“三十二相”中，就包括“顶有肉髻”“螺发右旋”“其色青绀”等对肉髻和螺发的刻画，是佛像制作须遵守的仪轨。笈多时期，萨尔那特与秣菟罗佛像虽均为螺发，但仍有区别：

秣菟罗佛像的肉髻较高，体积较小；萨尔那特佛像的肉髻较低矮，体积较大。

秣菟罗佛像单个小螺发，是由几根较细的线条共同构成的，且螺的体积较小，形状较立体，如秣菟罗政府博物馆藏昌达出土5世纪红砂岩佛头像（图3-20）；萨尔那特佛像的单个小螺发，是由单条较粗的线条构成，且体积较大，形状较扁平，如新德里国立博物馆藏萨尔那特出土5世纪朱那尔砂岩佛头像（图3-21）。

2. 面容

眼部：贵霜时期，“双目圆睁”为秣菟罗佛教造像的典型特征，到笈多时期转变为眼睑半闭；萨尔那特佛教造像中眼部闭合更明显，从向下低垂的弧线可看出其眼睑只微微张开，也许是为了进一步突出佛陀的沉思与自省。

嘴部：秣菟罗佛教造像的嘴部往往较为肥厚，线条略显僵硬，笈多时期的秣菟罗佛像中可见对贵霜时期雕刻习惯的延续，即用线条强调嘴部外沿轮廓，其嘴角微微下压，“较为向后凹陷”[12]，带有一种庄严感；萨尔那特佛教造像嘴部更为松弛，线条流畅，微微上扬，似微笑状，整体神情更显沉静安详。

图3-20 秣菟罗政府博物馆藏昌达出土5世纪红砂岩佛头像

图3-21 新德里国立博物馆藏萨尔那特出土5世纪朱那尔砂岩佛头像

脸型：贵霜时期的秣菟罗佛像往往脸型圆润，其容貌表现出明显的印度本土特色，到了笈多时期，其脸型变长变窄，似鹅蛋形，整体轮廓更为立体、硬挺。相较于秣菟罗，萨尔那特佛教造像脸部形状较为短和宽，轮廓更为圆润柔和。

3. 菩萨发饰

萨尔那特菩萨像的冠饰较为简洁，几乎没有华丽的装饰，发髻冠较为常见；秣菟罗菩萨的冠帽装饰较多，宝冠、敷巾冠均较为常见。

萨尔那特弥勒菩萨以苦行者形象出现，不见宝冠型冠帽；秣菟罗弥勒菩萨中仍可见带宝冠的王权形象。

萨尔那特与秣菟罗佛教造像头部相容局部对比可见表3-1。

表3-1 萨尔那特与秣菟罗佛教造像头部相容局部对照表

	萨尔那特佛教造像		秣菟罗佛教造像	
螺发				
	肉髻低矮，体积较大。		肉髻高耸，体积较小。	
螺的细节				
	单个小螺大而扁平，由单条粗线组成。		单个小螺小而立体，由多条细线组成。	

续表

	萨尔那特佛教造像		秣菟罗佛教造像	
眼部	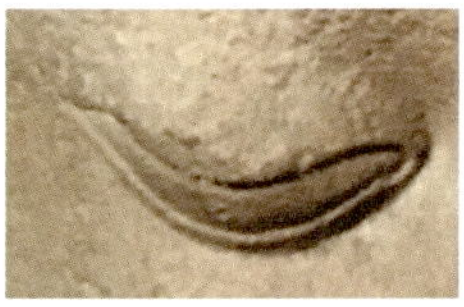	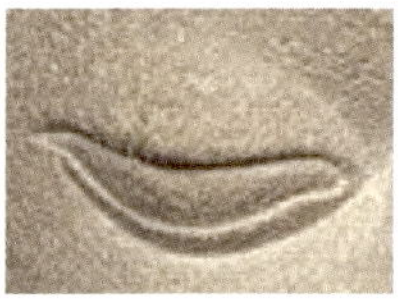	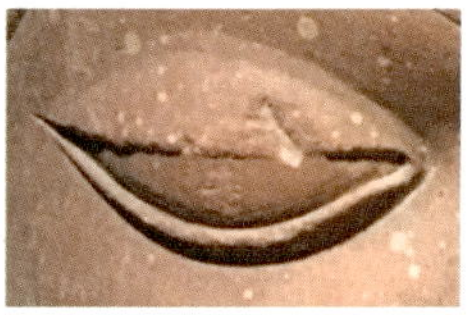	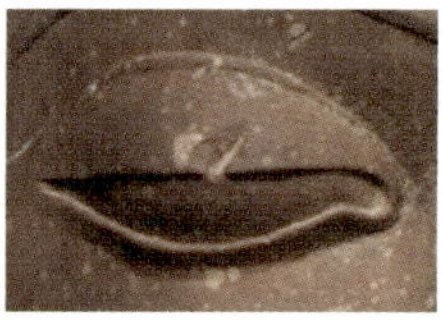
	眼睑低垂，仅微微张开，更强调沉思冥想。		眼睑半闭。	
嘴部	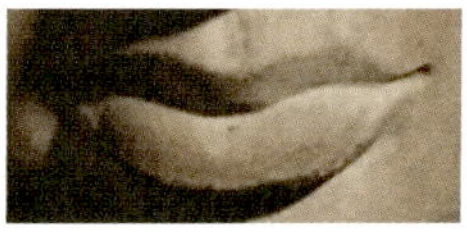	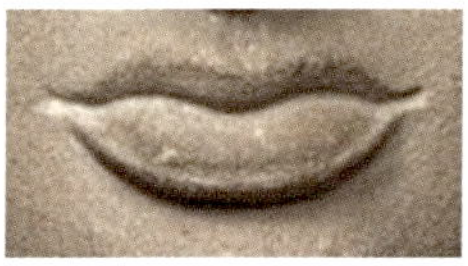		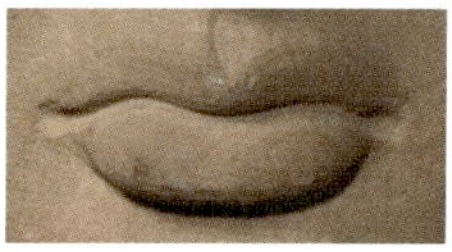
	嘴部线条松弛流畅，嘴角上扬。		嘴部线条立体，嘴角微微下压。	
发饰				
	发髻冠为主，不求装饰。		华丽的宝冠和敷巾冠较为常见。	

二、服饰衣纹特征

萨尔那特与秣菟罗佛教造像最直观的区别，来自对佛衣的不同表现方式。笈多时期的萨尔那特佛像，往往通体不刻画衣纹，佛衣轻薄透明，恍若裸体，又称“天衣派”；秣菟罗佛像则全身遍布波浪状的衣纹，如湿衣贴体，又称“湿衣派”。这两种风貌并非一开始就已形成，而是随着时间的推移逐渐演化。以下就两地佛衣衣纹、领口、腰带、垂褶等特征，予以归纳比较（见表3-2）：

表3-2 萨尔那特与秣菟罗佛教造像服饰局部对照表

	萨尔那特佛教造像		秣菟罗佛教造像	
领口				
	领部衣缘较轻薄无堆叠，左侧明显比右侧宽厚，表现出佛衣搭在左肩，是对佛衣披着方式的正确表现。		领部佛衣堆叠数层，左右宽度差别不明显，在部分佛像中为等宽，未注重表现佛衣的披着。	
腰带	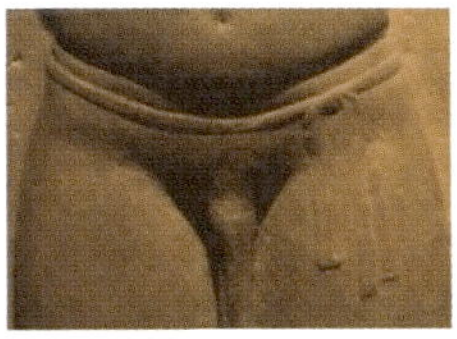	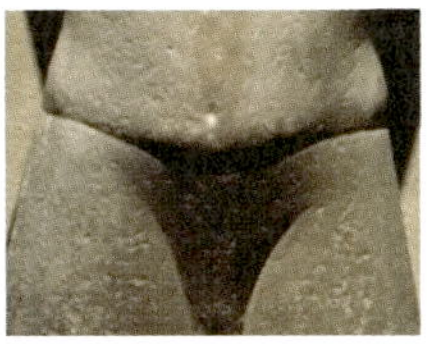		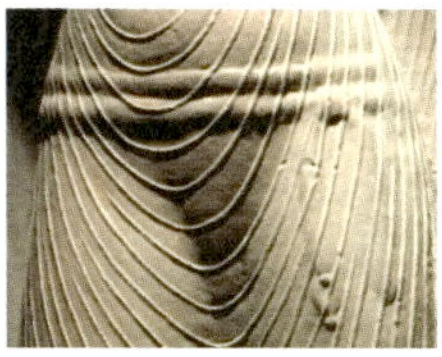
	400—450年，腰带在身体左侧打结。450年以后，不刻画腰带形象，仅用一条阴刻线表示腰部。		贵霜迦腻色伽以后，佛衣变得厚重，腰带掩藏于佛衣之下较难分辨。笈多时期佛衣重回轻薄贴体之态，可见腰带在身体左侧打结。	
左侧垂褶				
	平行直线型（左），Z字波浪形（右）。		贵霜和笈多早期多见程式化的单条波浪形（左），笈多中后期多见精巧的双条细密波浪（右）。	

续表

	萨尔那特佛教造像	秣菟罗佛教造像
脚间垂褶		
	笈多时期菩萨像，脚间垂褶较为精巧。	贵霜时期菩萨像，脚间垂褶较为程式化。

三、头光、背光样式

1. 头光

头光，在萨尔那特与秣菟罗造像中均较为常见。迦腻色伽初期的佛像并未表现佛陀的头光，与佛像一同出土的，往往有一华丽的伞盖。随后的佛像中，伞盖不再出现，头光取而代之。秣菟罗佛教造像最初的头光，中心区为素面，边缘有连弧纹装饰，连弧纹是秣菟罗头光中必然会出现的元素之一，表示的极可能是平面化的那迦蛇头。[13] 在此基础上，装饰纹样渐渐丰富，卷草纹、连珠纹、花蔓纹等装饰纹样遍布整个头光（图 3-22），呈放射状的箭头纹饰和呈盛开状的莲花纹饰是秣菟罗佛像头光中较具代表性的纹样（图 3-23），放射状的箭头纹饰在其他地区较为少见，盛开的莲花状纹饰，往往位于头光中心区，围绕佛陀头部开放。

头光中心的莲花纹（图 3-24）在贵霜时期就已经出现，并在秣菟罗佛像的发展中延续了下来，到笈多时期仍然十分盛行。莲花纹是头光发展中的重要元素之一。[14] 秣菟罗菩萨像中，也出现了较为华丽的圆形头光，且中心也可见盛开的莲花纹（图 3-25）。

不同于笈多时期秣菟罗佛像华丽装饰的头光，萨尔那特佛像的头光装饰多限于外框部分，头光中心区往往为素面，外框装饰带以卷草纹样较为多见。到笈多后期，萨尔那特佛像中还发展出素面圆形头光。另外，萨尔那特佛传浮雕中，释迦牟尼身后往往有着素面圆形头光，头光边缘饰有连弧纹，中心区和外框、外框和边缘间，均以连珠纹间隔。

萨尔那特佛像中也可见到装饰带更靠近中心部分，外框部分为素面的像例（图3-26）。

图3-22 新德里国家博物馆藏秣菟罗佛立像局部

图3-23 勒克瑙邦立博物馆藏公元308年秣菟罗佛立像

图3-24 拉库诺乌博物馆藏3世纪秣菟罗佛坐像

图3-25 美国克罗诺斯藏秣菟罗半跏菩萨像

图3-26 加尔各答印度博物馆藏萨尔那特佛立像，5世纪，高120厘米

笈多晚期，佛像圆形头光的装饰带趋于减少，往往只保留边缘的连弧纹和连珠纹（图3-27），最简化的一例，仅在边缘雕有一圈阴刻线（图3-28）。此外，萨尔那特菩萨像中还发展出独特的椭圆形头光。

图3-27 大英博物馆藏萨尔那特佛坐像，5世纪，高118厘米

图3-28 萨尔那特考古博物馆藏萨尔那特6世纪佛坐像

2. 背光Ⅰ型：舟形

5世纪中期以后，萨尔那特佛像出现舟形背光，该类型背光轮廓为椭圆形，上下端较窄，中部较宽，顶部弧度较大，看起来似一叶扁舟（图3-29、图3-30）。这种背光在秣菟罗佛像中极少出现，鲜有的几例应是受萨尔那特影响。该背光样式还深刻影响了尼泊尔地区的佛教造像，虽带纹饰，也只是在边缘略施一二，通常是连珠纹与连弧纹共同出现。

图3-29 纽约亚洲协会博物馆藏萨尔那特佛立像，约公元475年，高87厘米

图3-30 加尔各答印度博物馆藏萨尔那特佛立像，5世纪，高139厘米

3. 背光Ⅱ型：碑形

该类背光上下端粗细一致，顶端为圆弧形，弧度较平缓，整体形制朴素，边缘往往饰有连弧纹和连珠纹，可见仍是对背光的刻画。也有完全省略纹饰的，佛像背后为全素面背屏。碑形背光又可细分为两式：

Ⅰ式：该式背光形状较为宽短，往往只在边缘有连珠纹和连弧纹装饰（图3-31），有些还省略了纹饰，背光直接简化为朴素的背屏（图3-32）。这类背光还影响了印度其他地区的佛像，如比哈尔苏丹甘吉出土的铜佛（图3-33）。该样式在秣菟罗造像中同样较为少见。

Ⅱ式：这类背光与Ⅰ式相比明显较为细长，上下端粗细均等，外形似中国的造像碑，有边缘带连弧纹、连珠纹装饰的，也有全素面的。该类型未见于秣菟罗佛教造像，似为萨尔那特所特有，极可能是造像碑的原型，麦积山石窟的一组造像碑，可能正是受到萨尔那特这类佛教石碑的影响。[15] 该式在单尊佛像中表现为背屏或背光，在组合佛传石雕中也有所体现，部分三相图、四相图的外部轮廓与该式相近。

秣菟罗佛像以圆形头光为主，萨尔那特佛教造像除圆形头光外，还发展出舟形、碑形背光样式。秣菟罗佛像头光的装饰发展由简及繁，由几乎全素面逐渐发展为装饰遍布整个头光。萨尔那特的头光装饰发展删繁就简，到笈多中后期不断简化，发展出全素面的背屏样式。萨尔那特发展出了自己独特的头光、背光样式，并影响了秣菟罗和尼泊尔佛像的发展。

图3-32 萨尔那特考古博物馆藏佛立像，5世纪，高38厘米

图3-31 大英博物馆藏
萨尔那特佛像，5世纪

图3-33 大英博物馆藏比哈尔苏丹甘吉出土6至8世纪佛立像

萨尔那特与秣菟罗佛教造像背光样式对比见表3-3。

表3-3 萨尔那特与秣菟罗佛教造像背光样式对照表

		萨尔那特佛像		秣菟罗佛像
I型				
II型	I式			
	II式			

图3-34 加尔各答印度博物馆藏萨尔那特出土朱纳尔岩三相图浮雕

四、手印、持物

1. 手印

说法印，该印相为手的拇指与食指或中指、无名指相捻，其余各指自然舒展，往往表达佛陀在鹿野苑第一次说法的场景。说法印这一印相首先出现于萨尔那特。

在古印度早期佛教造像中，已有众多表现初说法场景的作品，犍陀罗佛教造像中也可见说法印，萨尔那特较早出现将说法印与初说法场景相对应。萨尔那特出土的一件三相图浮雕（图 3-34），被认为出自 350—375 年间，很可能是萨尔那特现存最早的说法印的作品。[16]

秣菟罗佛教造像中也有对说法印的表现，其中较早的例子有二，其一出现于一佛塔的基座[17]，其二出现于一佛传浮雕[18]，但二者年代或迟至 5 世纪早期，晚于上述萨尔那特三相图，对手印具体形态的刻画也并不符合仪轨。[19]相反，萨尔那特雕刻家对手印的表现则较为准确。

萨尔那特本是初转法轮之地，萨尔那特雕刻家清楚认识到说法印的含义，主动将其加入初说法场景中，在表现过程中也未出现任何失误。虽然在细节上有差别，但其代表的含义始终如一，其“双手互捻”的样式也成为后世的范本。

触地印，印相为以左手覆盖左膝，指尖触地，表明佛陀降伏魔众，通常与降魔成道场景同时出现。触地印多见于萨尔那特和秣菟罗的佛传浮雕中，从秣菟罗出土的佛传浮雕可看出，雕刻家在表现“降魔成道”场景时并不总是用触地印[20]，这显示秣菟罗雕刻家并未完全领会佛经的规定或意义。

无畏印，姿态大致为右手手臂弯曲置于胸前，五指向上自然舒展，掌心向外。无畏印在秣菟罗造像和萨尔那特造像中均十分常见。贵霜时期，施无畏印时右手手掌往往朝身体左侧倾斜；到了笈多时期，掌心则朝正前方（图3-35）。这一转变开始的时间约在308年。[21]

图3-35 勒克瑙邦立博物馆藏秣菟罗佛立像

萨尔那特佛像中的无畏印，在笈多早期承贵霜时期旧习，即掌心向左，但在此之后掌心均朝向前方，应是受到秣菟罗的影响。

与愿印，印相为右手手臂置于身侧自然下垂，五指下垂，掌心向外，表达佛或菩萨对众生心愿的满足，也具有慈悲之意。与愿印在秣菟罗造像中非常少见，在萨尔那特佛立像和菩萨像中均较为常见。

5世纪早期，萨尔那特雕刻家开始频繁刻画与愿印这一印相，随后，秣菟罗雕刻家也对其进行效仿（图3-36）。将

图3-36 勒克瑙国家博物馆藏秣菟罗出土佛立像

与愿印与舟形背光相结合，明显受到萨尔那特风格影响。可见，萨尔那特风格在萌芽阶段受到秣菟罗影响，但在成熟期又影响了秣菟罗佛像。

萨尔那特单尊像中的手印类型比秣菟罗更丰富，并影响了秣菟罗造像。萨尔那特雕刻家对手印的理解更为深入，对手印的刻画更符合仪轨，并首次刻画了说法印，将说法印与初说法场景准确结合，成为后世佛教造像的范本。

2. 持物

菩萨的持物是判定菩萨身份的重要标志，在不同时期，菩萨的持物会发生变化，萨尔那特和秣菟罗菩萨像持物的区别主要体现在：

萨尔那特菩萨像持物类型更为丰富，可见莲花、拂尘、净瓶、数珠、金刚杵等。秣菟罗菩萨像持物较为单一，往往只可见水瓶和莲花。

萨尔那特菩萨像所持物的体积较大，形态突出，位置较为不固定，而秣菟罗菩萨所持物的体积较小，位置相对固定。

贵霜时期，犍陀罗的菩萨持物较为明确，弥勒菩萨为束发、提水瓶的行者形象，观音菩萨则为头戴敷巾冠或化佛、手持莲花或花鬘的王者形象。这一时期的秣菟罗菩萨中，弥勒菩萨较为常见，左手指间提水瓶，水瓶是较固定的持物，体积往往较小，与手部大小接近。另可见少数无持物的悉达菩萨和手持莲花的观音菩萨，其莲花茎与菩萨自身相接，而非由莲花座生长出来。[22]

笈多时期，秣菟罗菩萨像几乎不存，而萨尔那特菩萨像的数量则相对较多。这一时期，弥勒与观音像上出现了头饰、冠饰、标识、持物等特征相互混淆的现象。5—6 世纪以后，萨尔那特、西印度等石窟盛行观音菩萨造像，普遍表现为右手结与愿印、左手持莲花的固定形象，但也有例外出现，菩萨右手可见持拂尘，左手可见持金刚杵。萨尔那特的弥勒菩萨像，多为右手持拂尘、左手持数珠，另有右手持数珠、左手持水瓶的形象。[23]

图3-37 萨尔那特考古博物馆藏萨尔那特出土约5世纪佛三尊像右胁侍菩萨

图3-38 加尔各答印度博物馆藏笈多萨尔那特观音菩萨

萨尔那特三尊像中的胁侍菩萨，往往为佩戴装饰物的观音菩萨与不求装饰的弥勒菩萨，弥勒菩萨的行者身份仍被强调，但原本与观音菩萨相对应的王者形象已不明确。这一时期，萨尔那特菩萨像持物较为突出的特点在于，部分菩萨像中可见所持物体积明显较大，如粗茎莲花、拂尘等，其顶端体积与菩萨头部大小相当（图3-37、图3-38），该样式在单尊和胁侍菩萨中均可见。笈多时期萨尔那特菩萨对净瓶的提握方式也与贵霜时期秣菟罗菩萨有所区别，秣菟罗菩萨往往是夹于指尖，萨尔那特菩萨则是握于掌中。

通过对两类佛教造像以上四个方面的分析，可见，萨尔那特佛教造像虽在早期受到秣菟罗风格影响，但随后逐渐形成自己的风格，呈现出不同于秣菟罗的宁静与典雅，一改贵霜时期秣菟罗圆脸大眼的面容，静心冥想的神情实现了佛陀精神美的外显；萨尔那特独创的无衣纹佛衣形成了全新的造像范式，成为笈多时期经典佛像的显著特征之一；萨尔那特发展出多种背光样式，并影响了周边地区佛教造像的风貌；萨尔那特雕刻家对印相的理解结合了佛教经典，表达精准，符合仪轨，并首次将说法印与初说法场景相结合。

第五节 萨尔那特佛教造像的延伸影响

古代的印度文化圈，包含着如尼泊尔、斯里兰卡、泰国、柬埔寨、印度尼西亚在内的多个国家，南亚和东南亚诸国受印度影响颇深。笈多时代，印度的海外贸易进一步发展，文化影响范围进一步扩张，印度文化圈的联系更加密切，笈多式佛像和萨尔那特风格也随之广泛传播。

萨尔那特佛教造像被称为“经典佛像”，为后世提供了一种理想范式，其佛衣样式极具辨识度，对印度本土、尼泊尔、东南亚、中国等地的佛像均有一定影响。笈多时期佛教艺术影响了中亚、南亚、东南亚等地区的佛教造像，而犍陀罗佛像的影响范围主要在中亚地区，因此，目前学界普遍认为笈多式佛像对中亚、南亚与东南亚诸国的影响比犍陀罗风格更为广泛而深远。在笈多佛像的两大风格——秣菟罗和萨尔那特风格之中，中亚与中国更多受到“湿衣派”秣菟罗造像的影响，而南亚与东南亚诸国更多受“天衣派”萨尔那特造像的影响。

一、对周边地区的影响

萨尔那特样式的佛像广为流传，逐渐成为笈多时期印度佛像雕刻的主要流派。[24] 这一风格在笈多时期萨尔那特周边地区造像、波罗王朝的部分造像及阿旃陀石窟的部分造像中均有所体现。

出土于巴兹德普尔（印度旁遮普邦一村庄）、曼库瓦尔（位于萨尔那特西南部阿拉哈巴德地区）、比哈尔邦的几尊佛像均能体现出萨尔那特风格对印度其他地区的影响。

巴兹德普尔的这尊佛像（图 3-39），结合了几种不同的风格，领口处的佛衣衣纹堆叠较多，呈现出 V 字形，带有犍陀罗佛像的特点。[25]左手握衣角，衣纹下垂呈现弯曲的 Z 字形，符合秣菟罗的特征。[26] 身着类似透明的袈裟，通体不施衣纹，是对萨尔那特样式的直接借鉴。

曼库瓦尔出土的佛坐像（图3-40）底部刻有铭文，为笈多纪元129年（449）所作。这尊佛像上身袒裸，下身着裙，造型类似笈多时期秣菟罗雕刻的耆那祖师像（图3-41），其服饰的表现可以看出是借鉴了萨尔那特风格。类似的例子还有比哈尔邦出土的一尊佛坐像（图3-42），其沉思的表情、说法印的印相、素面背屏及佛衣样式均可体现出萨尔那特风格的影响。

以上像例不仅说明萨尔那特风格对周边地区的影响，还说明其他地区的艺术家同时受到秣菟罗和萨尔那特两种风格的影响，并成功结合了两种风格，萨尔那特和秣菟罗的影响力不分伯仲，其重要程度毫不亚于秣菟罗。

图3-39　勒克瑙邦立博物馆藏公元425年红砂岩佛立像

图3-40 勒克瑙邦立博物馆藏曼库瓦尔出土佛坐像

图3-41 勒克瑙邦立博物馆藏5世纪耆那像

图3-42 比哈尔邦出土私人藏说法佛

笈多时期的铜质佛像中也多见萨尔那特风格。印度出现铜佛的原因有二，一是私人祭祀场所对祭祀对象有个性化需求；二是石质雕像体积太大，无法进行沐浴仪式，故需要体积更小、更为便携的佛像。[27] 萨尔那特本土并无铜制佛像出土，但笈多后期至波罗王朝时期，印度的铜佛对萨尔那特风格有较为明显的吸收。印度 6 世纪铜佛像（图 3-43），面容、姿态、佛衣样式均十分符合萨尔那特风格。另有一尊藏于克利夫兰艺术博物馆的 591 年佛立像，二者大小、材质与造型均高度相似，青铜的材质让佛衣更显轻薄透明。这些铜佛像均为通肩式，无衣纹，与萨尔那特佛衣平滑的圆摆型下缘不同，这几尊像的佛衣下缘衣褶呈 Z 状有序排列，这种对衣褶的处理方式直到波罗王朝都可见到。

阿旃陀石窟笈多时期开凿的龛像中，可见大量萨尔那特样式的佛像。[28] 如：第 16 窟后壁的祠堂中雕的笈多萨尔那特样式说法印佛坐像；第 1 窟后壁中央祠堂有一尊萨尔那特样式的佛陀坐像；第 19 窟支提窟的支提窗两侧，各有一尊威武雄壮的守门神药叉雕像，旁边上下左右繁多的壁龛中雕刻着大量萨尔那特风格的佛像，在第 19 窟半圆形后殿的岩凿窣堵坡前也有一尊萨尔那特样式的佛陀立像（图 3-44)；第 26 窟后壁岩凿窣堵坡前面的壁龛内，供奉着一尊萨尔那特样式的佛陀坐像，左侧岩壁旁还横卧一尊萨尔那特式的涅槃大佛（图 3-45）。[29] 萨尔那特风格的佛像，不仅可见于石窟中主要供奉位，还遍布于侧壁等地，对笈多时期的阿旃陀石窟造像有着显著影响。

图3-43 纽约大都会博物馆藏印度6世纪青铜佛立像

图3-44 阿旃陀第19窟佛立像

图3-45 阿旃陀第26窟涅槃佛像

约在 4 世纪中期至 8 世纪中期，尼泊尔艺术很明显继承了印度笈多时期的风格。[30] 从 5 世纪开始，尼泊尔就与印度艺术有了密切的接触，其佛教造像在受印度影响的同时也保留了自己的个性。5 世纪末，尼泊尔已成为一个活跃的艺术中心，并从笈多艺术的秣菟罗和萨尔那特风格中汲取佛教造像灵感。[31]

出土于加德满都的查贝尔（Chabel）和班古村（Bangemura）的两尊佛像（图3-46、图3-47），也是在加德满都发现的最早的两尊佛像，在风格上都具有明显的5世纪特征，在造型和雕刻技法上也深受萨尔那特风格的影响。班古村的这件作品直接借鉴了萨尔那

图3-46 加德满都查贝尔出土5世纪佛立像

图3-47 加德满都班古村出土5世纪佛立像

图3-48 尼泊尔出土约7至8世纪佛立像

特左手握衣角、右手施与愿印配合舟形背光的造像样式，背光周围一圈装饰则和萨尔那特稍有不同，不再是连珠纹与连弧纹，而是更具本土特色。但尼泊尔的佛像身形比例较为宽短，头部较大，脖颈较短，人物形态较为沉重粗犷，少了几分萨尔那特佛像的神圣优雅。

尼泊尔出土约7—8世纪佛立像（图3-48），也是受萨尔那特风格影响的直接证据。大英博物馆的展品介绍指出这尊佛像受到5世纪萨尔那特风格启发。佛像身后为舟形背光，整体样式与同期较早出土于比哈尔邦的佛像十分相似，但这尊像较宽的肩膀、较大的头部也体现出尼泊尔本土特点，施与愿印的手掌极大，身形缺乏萨尔那特式佛像的均衡美感。实物资料显示，萨尔那特风格对尼泊尔佛教造像的影响是持续的。

尼泊尔雕塑受到了来自印度各艺术中心的广泛影响，在4世纪到8世纪间吸收了秣菟罗和萨尔那特风格。同时，这些作品仍保留了鲜明的民族特色和较高的审美水平。

二、对东南亚地区的影响

7 世纪早期，在东南亚出现了一种新的佛教造像风格，这一风格转变正是受到印度的启发。[32] 其中萨尔那特风格对东南亚的影响十分显著，包括泰国、柬埔寨、印度尼西亚在内的多个东南亚国家均受到这一风格的影响。

斯里兰卡为南亚岛国，自古与印度交往频繁，也是经由海路与中国有着佛教文化交流的国家。早在孔雀王朝时期，阿育王弘扬佛法，佛教便随之传入斯里兰卡。斯里兰卡最早的佛像是从南印度传入的阿马拉瓦蒂样式，其佛衣衣纹以单条凸线刻画。到了6世纪左右，斯里兰卡的佛像中已明显可见萨尔那特风格的影响。斯里兰卡阿努拉达普拉约6世纪白云石刻佛坐像（图3-49），是典型的对萨尔那特样式的效仿。

萨尔那特风格对泰国的影响主要体现在两个方面，一是泰国出现了极可能是萨尔那特输出的小型佛像，二是该风格可见于泰国本土佛教造像中。

图3-49 阿努拉达普拉萨尔那特风格佛坐像

图3-50 曼谷国家博物馆藏泰国素叻他尼出土6世纪上半叶佛立像

1934年，在泰国素叻他尼南部远沙县出土了一尊高16.5厘米的佛立像（图3-50），该佛像石质为萨尔那特造像中常见的灰黄色砂石，肉髻低矮，身形较纤瘦，左手施与愿印，身后有舟形背光，不施衣纹的透明佛衣轻薄透体。这尊佛像领口处交代了佛衣结构，而泰国本土所作佛像往往省略对领口的刻画，可见该佛像并非泰国生产。据记载，这尊佛像极可能是泰国高僧赴印求法后带回的。[33]温撒县位于素叻府与洛坤府的交通枢纽处，且地处泰国湾，属海上交通要道，与周边地区有长期贸易往来。这类小型佛像易于携带运输，据推断，应是专门为出口而造，由印度地区流入泰国，并影响了泰国佛教造像的风貌。

泰国本土所制作的部分佛像中，也体现出浓厚的萨尔那特风格。如今的缅甸东南部地区，泰国中部、东北部地区，曾居住着信奉佛教的孟人。孟人于6世纪建立德瓦拉瓦蒂王国，其艺术造诣世界闻名，佛教造像尤甚。孟人将萨尔那特风格与泰国本土特色相结合，发展出“孟人-笈多”样式，这类佛像制作年代多为7—8世纪，在数量上已有一定规模，如现藏于泰国大城国家博物馆的佛立像（图3-51）等，均属于这一类型。在佛衣样式上，它们直接借鉴萨尔那特无衣纹、薄衣贴体的特点并进一步简化，省略了对佛衣颈部缘口的刻画；在面容上，脸型较圆润，嘴唇较宽厚，少了一份萨尔那特样式的纯净圣洁，多了一份泰国本土的淳朴亲厚感；在姿态上，佛陀往往正面直立，双手举起施左右对称的说法印，也有身形更为松弛、右腿微弯的例子，更显现出萨尔那特样式的影响。

图3-51 大城国家博物馆藏泰国华富里出土佛立像

图3-52 曼谷国家博物馆藏大城府出土佛立像，7世纪上半叶

现藏于曼谷国家博物馆的一尊佛立像（图3-52、图3-53），高171厘米，雕琢精湛，是“孟人-笈多”样式的典型代表。该佛像双手已残损，由左右对称的佛衣可推测，其双手印相原本很可能是说法印。佛衣的轻薄贴体，佛像胸部与腹部的细微隆起刻画得十分明显，萨尔那特出土的佛像往往略去对乳头的表现或仅有不太明显的两个点，像这样刻画成近似圆锥形隆起的很罕见。佛陀半闭的双眼凸显出佛陀内心的自省与冥想，是笈多艺术内在精神的外显，而饱满厚实的唇部为这尊佛像增添了本土特色。

现藏于纽约大都会博物馆的佛说法像（图3-54），也体现出萨尔那特风格对泰国佛教造像的影响。1964年，在泰国武里南10世纪高棉砖石佛塔的一个被石块遮盖的废弃矿坑里，意外发掘出一组铜佛，这是东南亚地区发现的有史以来最重要的佛铜像群。[34] 这尊佛像是这组铜佛中最大的说法像，高83.3厘米，由其风格推断其地理位置，应比前文提到的孟人所处泰国中部更偏西。[35] 这一风格出现于7世纪，亦受到萨尔那特样式影响。其佛衣下摆的左右衣角能看到少量堆叠的褶皱，双手举起至胸前的对称说法印，体现出德瓦拉瓦蒂佛像独特的造像程式。其他特征还包括面部有胡子，尖尖的螺发似蜗牛壳般。蜗牛壳状螺发是萨尔那特佛像的特征之一，但如此尖而夸张应是泰国本土的演绎。

不同于以上几尊佛像，现藏于克利夫兰艺术博物馆的佛立像（图3-55、图3-56），姿态较为松弛，身体呈现出弯曲的动感。这尊佛像同时刻画了佛的背部形体构造，这在现有像例中是较少见的。

图3-53 曼谷国家博物馆藏大城府出土佛立像头部

图3-54 纽约大都会博物馆藏泰国东北部出土佛说法像，8世纪，83.3厘米

图3-55 克利夫兰艺术博物馆藏泰国约7世纪佛立像正面

图3-56 克利夫兰艺术博物馆藏泰国约7世纪佛立像背面

柬埔寨佛像对萨尔那特风格的吸收主要也体现在佛衣样式上，其透明贴体的佛衣极具辨识度。吉美博物馆藏约7世纪柬埔寨南部出土的佛立像（图3-57），是尊说法佛像，佛像脸部下颌较宽，微呈方形，眼部被刻画为杏仁状，嘴唇饱满，肉髻突出，单个小螺大而扁平，身体看起来非常强健挺拔，脖颈粗而有力。佛像右手举起施说法印，从佛衣左侧衣褶来看，佛陀左手极可能握着在手腕处缠绕并折叠后的衣角。

纽约大都会博物馆藏柬埔寨南部出土7世纪中期佛立像（图3-58），头部单个小螺呈现明显扁平状。虽然双手缺失，但从肘间抬起的几乎完全对称的姿势来看，双手应是举起的说法印，身材相较于前面图3-57的立佛要纤细。这两尊佛像一个阳刚，一个柔美，但他们的佛衣样式同为萨尔那特风格，透过衣服，佛陀的身体轮廓清晰可见，连肚脐形状都十分明显。萨尔那特佛像中，为凸显佛陀身体曲线，将本该自然下垂的佛衣处理为向后凹陷样式，这在前文论述的泰国佛像中也有表现，而在这两尊柬埔寨佛像中更加明显。

在印度尼西亚婆罗浮屠这座世界最大的佛塔，也可以见到萨尔那特风格影响的痕迹，其中有数百尊佛像很大程度上受到萨尔那特样式或波罗样式影响，萨尔那特佛坐像多见结跏趺坐或倚坐，印相以说法印为主，图3-59这尊佛像不仅手印和坐姿符合萨尔那特范式，其静心冥想的神态也体现出笈多时期特有的自省精神，佛陀身着的透明佛衣更是对萨尔那特样式的直接模仿。

三、对中国的影响

虽然相较于萨尔那特风格，秣菟罗风格对中亚和中国佛像的影响更为广泛，但萨尔那特风格的影响也不容忽视。萨尔那特佛像往往身着不施衣纹的透明佛衣，这一特征辨识度极高，且在中国本土并无此种佛衣样式的先例，故可推断这一风格必然是外来的。

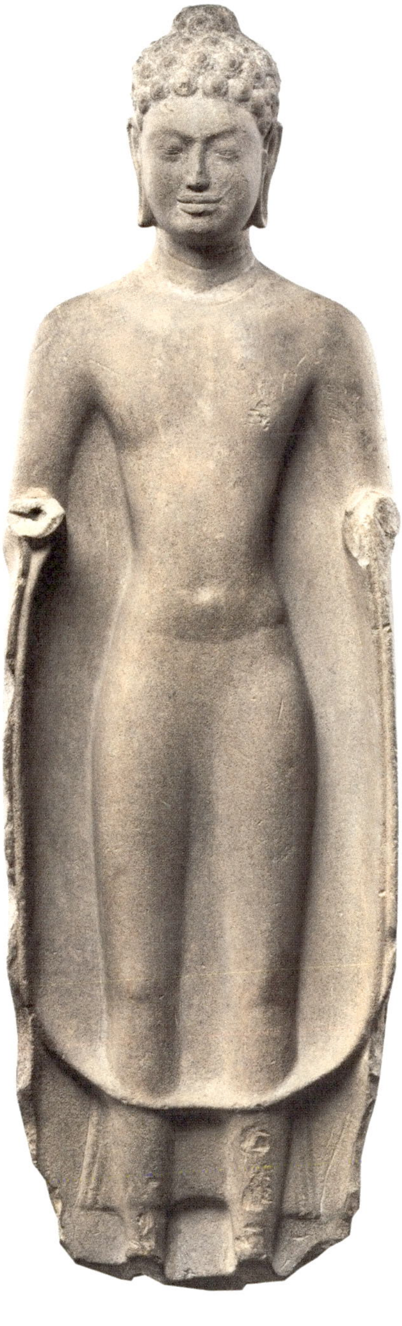

图3-58 纽约大都会博物馆藏柬埔寨南部出土佛立像

图3-57 吉美博物馆藏约7世纪柬埔寨南部出土的佛立像

图3-59 印度尼西亚婆罗浮屠8至9世纪佛像

图3-60 吉美博物馆藏
山东青州出土佛立像

图3-61 青州市博物馆藏北齐佛立像

萨尔那特风格传入中国的路径有二，一是通过曲折的海路由东南亚传入中国，二是通过陆路经中亚传入中国。[36] 据中国古代史籍记载，在5世纪晚期至6世纪初期，扶南国[37]与中国有着较为频繁的交流，僧人在各地间的往来也进一步增进了佛教文化的传播。在南北朝时期，中国与其西部邻国间的交流较少，故通过海路的交流相应地增强。中印的海路联系路线，大体上是从印度东部或斯里兰卡登舟，途经东南亚，再经中国南海抵达广州或其他沿海地区。

萨尔那特风格通过海路传入的具体路径，可从东晋高僧法显赴印求法的经历推断一二：法显从印度归国时，途经数个南亚、东南亚国家（今斯里兰卡、印度尼西亚等），曾因风浪关系，本应驶向广州的船被迫在山东靠岸。由此可见，当时印度与中国之间最北端的港口应在山东，萨尔那特风格很可能经由东南亚各国，最终通过山东传入中国，山东地区出土的萨尔那特风格佛像也佐证了这一观点。自19世纪60年代末以来，山东地区出土了大量北魏晚期、东魏和北齐时期的佛像，其中部分佛立像表现出了萨尔那特佛像的特点，两尊出土于青州的北齐时期佛像（图3-60、图3-61）便是这一现象的典型代表。这两尊佛像佛衣透明轻薄、紧贴身体。图3-60这一身像领口雕刻有衣纹，其佛衣样式、半闭的眼睑明确参照了萨尔那特风格。[38] 图3-61这一身像虽为残像，但观者依然可以体会到贴体佛衣所勾勒出的人体美，其一条腿微弯的姿态也符合萨尔那特样式特点。类似的佛像，在山东博兴（图3-62）、诸城、临沂等地均有发现。这些佛像在体现萨尔那特风格的同时，也有一些自己的特色。例如，它们对人体线条的展现相对含蓄，佛衣贴体程度不及萨尔那特。此外，部分佛像虽不施衣纹，但用贴金彩绘的方式描绘佛衣，削弱佛像裸体感的同时也体现出中国本土特色。这也说明萨尔那特风格在传入中国的途中，于流经之地发生了一些转变。

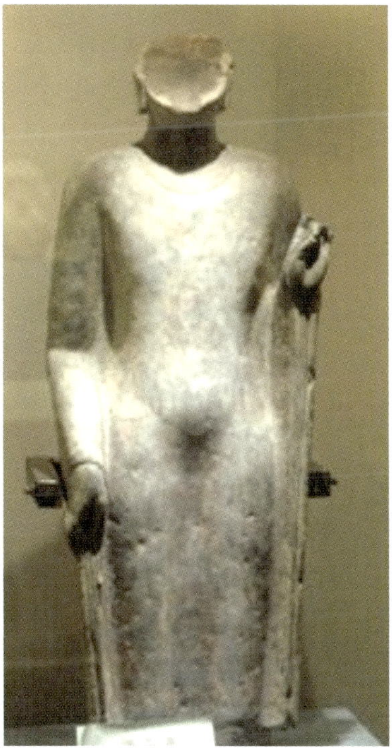

图3-62 山东博兴出土6世纪佛立像

此外，新疆地区也发现了无衣纹的佛像，应是萨尔那特风格通过陆路经中亚传入中国所致。以下两尊佛像（图 3-63、图 3-64）的制作年代约为 5 至 6 世纪，分别出土于龟兹克孜尔石窟和疏勒图木休克佛寺遗址，从它们对佛衣的表现来看，应出自萨尔那特一脉。[39]可见萨尔那特风格在由海陆两路传入中国后，对多个地区都有显著影响。

萨尔那特佛教造像对中国的影响，除了佛衣，还体现在以下两个方面。其一，5 世纪左右，萨尔那特菩萨像中开始出现肩饰鹿皮的特征，而类似的“仁兽皮”直至 9 世纪才在中国榆林窟和莫高窟的菩萨像中出现，该种装身具极可能是源于萨尔那特，中国菩萨像中斜披条帛的特点也可能是由此发展而来的。其二，萨尔那特造像中可见上下粗细一致、形态较为窄长的碑形像，该种形制在三尊像、组合佛传浮雕中均可见，相关研究显示麦积山石窟的一组造像碑可能源于萨尔那特这类的佛教石碑[40]，由此也可能影响了中国造像碑的形制。可见，萨尔那特佛教造像对中国佛教艺术有着多方面的影响。

图3-63 克孜尔石窟5至7世纪坐佛

秣菟罗“湿衣贴体”的风格，更多影响了中亚与中国，而萨尔那特“轻纱透体”的样式则被

图3-64 新疆疏勒图木休克佛寺木雕佛像

南亚与东南亚诸国广泛吸收借鉴，这种对外来文化选择性吸收的现象，可能与气候、民族传统、审美习惯等因素相关。南亚与东南亚诸国气候炎热，更偏向于裸体雕刻，且属于印度文化圈，受印度的影响更为直接，对印度的文化更有认同感，所以对于袒露、直白的萨尔那特风格直接模仿、欣然接受。而中国是中华文化圈的中心，自古崇尚含蓄婉约之美、儒家伦理道德，萨尔那特风格一定程度上与中国的审美习惯有所冲突，而秣菟罗则以其相对含蓄的风格更受中亚与中国的青睐。[41]萨尔那特对周边地区的延伸影响，既有风格上的，也有美学思想上的，作为笈多时期的经典佛像代表，萨尔那特为其他地区的佛教造像提供了完美范式。

（本章第三、四、五节由南京艺术学院博士生张理婧撰文）

注释：

1. 参见《北史》卷九十六《西域传》。玄奘《大唐西域记》卷二《犍陀罗国》。约翰·马歇尔：《犍陀罗佛教艺术》，许建英译，新疆美术摄影出版社，1999。穆罕默德·瓦利乌拉·汗：《犍陀罗艺术》，陆水林译，商务印书馆，1997。
2. 这类造像出土于秣菟罗东部的萨尔那特，该地距圣城瓦腊纳西（鹿野苑所在地）约10公里。有学者亦称鹿野苑系造像。
3. 图版参见中国历史博物馆《山东青州龙兴寺出土佛教石刻造像精品》，文物出版社，1999，第92、95、102页。
4. 勒柯克：《中亚与新疆古代晚期的佛教文物》Ⅰ卷，图版39。
5. 法云：《翻译名义集》。
6. 村田靖子：《佛像的系谱》，金申译，上海辞书出版社，2002，第36页。
7. R. C. Sharma, *Buddhist Art of Mathura,* Agam Kala Prakashan, 1984, p.219.
8. Usha Rani Tiwari, *Sculptures of Mathura and Sarnath*, Sundeep Prakashan, 1998, p.75.

9. Karl Khandalavala, *The Golden Age of Gupta Art: Empire, Province And Influence*, Marg Publications, 1991. XIII.

10. Usha Rani Tiwari, *Sculptures of Mathura and Sarnath*, Sundeep Prakashan, 1998, p.74.

11. 晁华山：《佛陀之光：印度与中亚佛教胜迹》，文物出版社，2001，第87页。

12. Usha Rani Tiwari, *Sculptures of Mathura and Sarnath*, Sundeep Prakashan, 1998, p.82.

13. 赵玲：《印度秣菟罗早期佛教造像研究》，上海三联书店, 2012，第154页。

14. Usha Rani Tiwari, *Sculptures of Mathura and Sarnath*, Sundeep Prakashan, 1998, p.89.

15. 王静芬：《中国石碑》，毛秋瑾译，商务印书馆，2011，第111—112页。

16. Usha Rani Tiwari, *Sculptures of Mathura and Sarnath*, Sundeep Prakashan, 1998, pp.85-86.

17. 秣菟罗博物馆，第1605。

18. Usha Rani Tiwari, *Sculptures of Mathura and Sarnath*, Sundeep Prakashan, 1998, Fig 73.

19. Usha Rani Tiwari, *Sculptures of Mathura and Sarnath*, Sundeep Prakashan, 1998, p.86.

20. Usha Rani Tiwari, *Sculptures of Mathura and Sarnath*, Sundeep Prakashan, 1998, p.84.

21. 此铭像的年代存在争议，其铭文可能是230或280年。G. R. Mitterballur在二次确认后认为铭文年份应是230年，R. C. Sharma也更认同230年这一说法。从风格判断，这尊佛像应是贵霜时期而非笈多时期所作，故其年份应为230+78=308年。

22. Usha Rani Tiwari, *Sculptures of Mathura and Sarnath*, Sundeep Prakashan, 1998, p.107.

23. 宫治昭：《涅槃和弥勒的图像学》，李萍、张清涛译，文物出版社，2009，第305页。

24. 王镛：《印度美术》，中国人民大学出版社，2004，第177页。

25. 犍陀罗V领佛衣图像，见R. C. Sharma, *Buddhist Art of Mathura,* Agam Kala Prakashan, 1984, Fig 128, 129.

26. *The Golden Age of Classical India: The Gupta Empire*, RMN, 2007, p.173.
27. Karl Khandalavala, *The Golden Age of Gupta Art: Empire, Province And Influence*, Marg Publications, p.115.
28. 图见毛小雨《印度雕塑》，江西美术出版社，1998，第64—69页。
29. 王镛：《印度美术》，中国人民大学出版社，2004，第188—193页。
30. *The Golden Age of Classical India: The Gupta Empire*, RMN, 2007.
31. Karl Khandalavala, *The Golden Age of Gupta Art: Empire, Province And Influence*, Marg Publications, p.45.
32. John Guy, *Lost Kingdoms*, The Metropolitan Museum of Art, 2014, p.101.
33. John Guy, *Lost Kingdoms*, The Metropolitan Museum of Art, 2014, p.38.
34. John Guy, *Lost Kingdoms*, The Metropolitan Museum of Art, 2014, p.234.
35. John Guy, *Lost Kingdoms*, The Metropolitan Museum of Art, 2014, p.237.
36. *The Golden Age of Classical India: The Gupta Empire*, RMN, 2007, p.104.
37. 曾经存在于古代中南半岛上的一个古老王国名。其辖境大致相当于当今柬埔寨全部国土，以及老挝南部、越南南部和泰国东南部一带。是历史上第一个出现在中国古代史籍上的东南亚国家。
38. *The Golden Age of Classical India: The Gupta Empire*, RMN, 2007, p.104.
39. 费泳：《中国佛教艺术中的佛衣样式研究》，中华书局，2012，第146—164页。
40. 王静芬：《中国石碑》，商务印书馆，2011，第111—112页。
41. 王镛：《印度美术》，中国人民大学出版社，2004，第185页。

第四章

波罗时期佛像服饰

印度在笈多时期之后，北部的波罗王朝（750—1150）和南部的朱罗王朝（846—1279）分别成为佛教密宗和印度教诸神造像的两大中心。波罗造像在密教、印度教及民间信仰等多元宗教文化的共同作用下，衍生出复杂多样的偶像崇拜体系。宝冠佛、多面多臂菩萨像，以及种类繁多的护法神、金刚和天神像等，将整个佛教造像系统扩展得异常庞大繁杂。波罗造像逐渐摒弃了笈多时代宁静内省的古典主义风范，其繁缛精致的装饰技巧和夸张怪诞的尊像造型，一方面昭示着佛教禁欲主义已沾染上欢畅明快的世俗情趣，另一方面更映射出佛教在密宗高度组织化的仪礼俗信的约束下，愈加富有神秘主义特征。相较而言，波罗时期的佛陀造像多专注于特定的题材内容，部分延续着旧有的形式风格。

古印度佛像发生初期，犍陀罗和秣菟罗分别形成以通肩式和右袒式为代表的佛衣表现系统。两种佛衣样式在创制不久后，便伴随贵霜帝国的统一，出现相互影响、相互融通的总体趋势。降至波罗时期，佛像衣着仍未脱离两种原生佛衣系统，但由于波罗王朝对降魔成道题材的热衷，右袒式佛衣逐渐成为此类造像的固定造型因素，并在披着细节上呈现出不同的样式特征，而通肩式佛衣规模有所缩减。这一变化也相应地映射在波罗后期的宝冠佛造像体系中。

第一节　着右袒式佛衣的降魔成道佛像

降魔成道是释迦由俗世向圣界升华的重要环节，是佛教修行中破除一切魔障达到理想彼岸的图像表征。早在公元1世纪桑奇大塔的围栏浮雕中，降魔成道已成为佛传故事的重要表现

图4-1 秣菟罗考古博物馆藏秣菟罗出土五相浮雕，2世纪，高65厘米

内容。贵霜帝国统一后，降魔成道在犍陀罗和秣菟罗的佛传雕刻中仍然扮演重要角色。前者多以图像叙事方式，展现释迦超凡的生命历程；后者更加注重对释迦重大事迹进行提炼，并逐渐形成富有象征意义的四相、五相等图像程式，在空间营造、体量造型方面着意突出世尊的偶像性质。

秣菟罗出土的2世纪后半叶的降魔成道浮雕（图4-1）中，释迦作束发肉髻，身着通肩式佛衣，左手握衣角，右手下垂作触地印，阴刻线衣纹呈U形对称排布，具有犍陀罗和秣菟罗两种风格的混合特征。释迦周围树木环绕，台座周边布置魔众，画面以打破时空关系的构成方式，表现释迦在菩提树下证得圣道的图像语境。结合同期佛传故事造像实物可知[1]，约在2世纪前后，包括降魔成道在内的四相、五相等佛传图式已趋于定型。

笈多时期，作为释迦初转法轮的圣地，萨尔那特佛传雕刻除四相、五相等常见图式外，还出现三相、八相等新式图样，在图像叙事方式和佛陀造型细节上，表现出鲜明的时代特征和地域风格。贵霜时期的犍陀罗和秣菟罗佛传雕刻多作横向式构图，从右向左依次演进；笈多时期的萨尔那特浮雕则改为从下至上纵向展开，涅槃场面多置于佛传图像的顶端。笈多后期，萨尔那特佛传叙事体系进一步成熟稳定，降魔成道中的佛陀造型也趋向定型：

其一，左手不再提握衣角，改为掌心向上横置腹前，施禅定印相。

其二，佛衣趋向轻薄，衣纹不刻或少刻，秣菟罗湿衣派和萨尔那特天衣派风格都有表现。

其三，硕大的束腰仰覆莲座开始出现。

以上造像因素直接为波罗佛像所继承。

需要注意的是，此期佛传图像中的佛陀，因出现场景不同，衣着样式已发生相应变化。现存笈多时期的萨尔那特佛传浮雕[2]（图 4-2），降魔成道场面中的佛陀多着右袒式佛衣，而鹿野苑说法、三十三天降下，以及涅槃等场面中的佛陀，多以通肩式佛衣示现。这种根据不同场面定向选择佛衣样式的做法，或与两种佛衣在创制之初的使用情境有关。[3]

波罗时期，佛传法相中的降魔成道得到进一步彰显，主尊多作体量巨大的正面偶像表现，两侧辅以树下诞生、猕猴奉蜜、初转法轮和三十三天降下等象征场面，顶端表现佛陀涅槃。右袒式佛衣作为降魔成道佛像的主要造型元素，在披着细节上随着宗教环境的变化和造像风格的转变，显现出独特的类型特征。

第一类属于印度原生佛衣系统，具体表现为：袈裟右缘绕前胸后披覆左肩、左臂，无其他饰物。此类佛衣以比哈尔那烂陀出土的10世纪铜像（图4-3）为代表。佛像高肉髻，饰细密螺发，头顶装饰菩提树叶，左手仰掌置于腹前，右手下垂作触地印，仰莲宝座与饰有双狮的基座之间垂挂蜿蜒起伏，靠背两侧对称表现象、马等法相，是为六拏具的雏形。佛之袈裟右缘覆盖左肩臂，衣质轻薄、紧贴躯体，通身

图4-2 加尔各答博物馆藏萨尔那特出土四相浮雕，5世纪，高106厘米

图4-3 比哈尔那烂陀出土降魔成道铜像，10世纪，高22.8厘米

不刻衣纹，只在缘口处略施雕刻，总体留有浓厚的笈多朝萨尔那特天衣派遗风。

第二类集中涌现于波罗后期，其典型特征为：在传统右袒式佛衣的基础上，佛的左半身披覆一块大布，并以一束布状物镇压左肩。此类佛像多高肉髻，顶饰螺发，左手仰掌施禅定印，右手下垂作触地印，结跏趺坐于束腰仰覆莲座，两侧观音和弥勒菩萨呈三屈式站立，顶饰菩提树叶并二飞天（图4-4、图4-5）。主尊在右袒式袈裟之上，于左半身披覆一块大布，并以一小束布状物压覆左肩，衣质单薄贴体，衣纹以凸起的细线交代结构走势，左肩呈同心圆状向外扩散，体现出波罗佛像对笈多朝秣菟罗湿衣派风格的继承和改进。此类佛衣在波罗佛像中流行时间最长，波及范围最广，对周边地区的佛教造像产生了深远影响，后期成为宝冠佛造像的重要构成因素。

图4-4 加尔各答博物馆藏比哈尔库尔吉哈儿出土降魔成道三尊石雕，9世纪，高98厘米

图4-5 巴特那博物馆藏比哈尔菩提伽耶出土降魔成道三尊石雕，9世纪，高140厘米

第二节 着右袒式佛衣的宝冠佛像

有关宝冠佛的正名、身份和信仰问题，学界争议颇大，代表观点有大日如来[4]、佛顶佛[5]、菩提瑞像[6]诸说。文献资料显示，早在后笈多时代，萨尔那特已出现宝冠佛造像实例。公元7世纪前叶，玄奘游学印度时，结降魔印的宝冠佛像已有成熟的图像范式，玄奘称之为“如来初成佛像”[7]，可见至少在时人看来，两种佛像的表现内容具有共通性。前文述及，波罗时期的降魔成道佛像脱胎于早期佛传故事表现体系，其原始图像意义应是对释迦降魔成道过程的象征性呈现，这一点可由主尊周围布置的其他佛传场景和基座前侵扰的魔女与魔军为证。

图4-6 新德里国家博物馆藏萨尔那特出土宝冠佛三尊石雕，9至10世纪，高24.1厘米

现知波罗时期的宝冠佛像多着右袒式佛衣，样式上与降魔成道佛像有着明显的承继关系。

第一类同样可归入印度原生佛衣系统，袈裟右缘披覆左肩和左臂，无其他饰物。萨尔那特出土、现藏新德里国家博物馆的宝冠佛三尊像（图4-6），为此类样式的代表。主尊头戴山形宝冠，冠侧饰花状缯带和耳饰，项佩珠宝瓔珞，左手仰置腹前结禅定印，右手下垂作触地印，结跏趺坐于束腰仰覆莲座，基座正面表现动态夸张的魔女和双狮，背屏顶端装饰菩提树叶，两侧表现空中虚悬的宝塔。以上造像因素除宝冠、瓔珞等新增饰物外，余皆符合释迦降魔成道的图像传统。据此可知，带有密教性质的宝冠佛像，是在新的宗教信仰形态下，对传统造像形式进行吸收和改造的结果。

此像主尊与胁侍的衣饰类型极富特色。主尊身着轻薄贴体的右袒式佛衣，袈裟右缘覆盖左肩、左臂，通体不刻衣纹，只在缘口处交代轮廓，未表现其他佛衣构成因素。两侧胁侍皆作立姿佛陀造型，肉髻高耸，顶饰螺发，身着轻薄无纹的通肩式佛衣，与佩戴华丽饰物的主尊相比，胁侍佛像仍然留有笈多时期朴素内敛的风格印迹。更为重要的是，这种依据表现场面定向选择佛衣类型的做法，在波罗时期仍然存在。

第二类佛衣因在波罗时期宝冠佛造像中占绝大多数，已成为判断佛像时代和风格的重要依据。主尊一般头戴山形宝冠，颈佩华丽项饰，左手仰掌结禅定印，右手下垂作触地印，结跏趺坐于束腰仰覆莲座，顶饰菩提树叶，基座正面为魅惑的魔女和匍匐的双狮，主尊周围由下而上分别布置诞生、猕猴奉蜜、三十三天降下、调服醉象、舍卫城神变、初转法轮和涅槃七相，涅槃之上是象征佛法永驻的宝塔（图4-7）。这种兼具偶像礼拜功能和佛传象征场面的造像，是波罗时期的典型风格。佛像衣饰特征为，于右袒式袈裟之上，佛的左半身披覆一块大布，并于左肩前垂一束布状物。由于波罗时期的石雕、灰泥塑像多为高浮雕式的建筑嵌板，故而佛像背部的衣饰细节不甚明确，以下参照同期金铜佛像予以辨明。

北京故宫博物院藏出自印度东北部的宝生佛像（图 4-8、图 4-9），约制于 10 世纪。佛像除右手掌心向外[8]，两臂装饰臂钏、腕钏外，在宝冠、缯带、项饰、袈裟等造型样式及面容体态方面，皆与波罗时期的触地印宝冠佛像作风一致。结合正背图像可知：

其一，此佛左半身以错红铜工艺表现的轮廓结构，并非右袒式袈裟的缘角，而是另外覆盖的大布。

其二，佛的左肩有一束布状物顺大布边缘向前垂下，末端呈燕尾状。

其三，未见钩纽痕迹。

此类佛衣在组成结构和穿着方式上，与前述降魔成道佛像的第二类佛衣趋同，但二者的细节表现存在差异。一是二者

图4-7 波士顿美术馆藏比哈尔马加达出土宝冠佛八相石雕，12世纪，高75.6厘米

图4-8 北京故宫博物院藏印度东北部制作宝生佛铜像正面，约10世纪，高22厘米

图4-9 印度东北部制作宝生佛铜像背面

衣质虽同样轻薄贴体，但降魔成道佛像多以细密的凸起线交代衣纹走势，而宝冠佛像多作通体素面，不表现衣纹细节，表明两类佛衣在吸收笈多风格的进程中，或存在不同的审美取向和工艺体系。二是降魔成道佛像中的第二类佛衣，于佛之左肩压覆一束布状物，其叠压痕迹清晰，衣料质感较重，纹理结构细腻写实都表明，该物属于袈裟之外的增饰。相较而言，宝冠佛左肩前垂的布状物显得细小而轻薄，且多数居中折叠，末端呈燕尾状，可能是在追摹降魔成道佛像的基础上形成的变体。

图4-10 那烂陀考古博物馆藏那烂陀出土佛立像，8至9世纪

第三节 波罗通肩式佛衣的样式特征

波罗佛像随表现场合不同而定向选取佛衣样式的现象仍然明显，在初转法轮、三十三天降下、涅槃等常见题材中的佛陀，便多以彰显福田功德的通肩式佛衣示现。不过，在波罗后期的降魔成道佛像和宝冠佛造像中，也有通肩式佛衣出现，只是样式上未见明显变化。

波罗时期的通肩式佛像可分立姿和坐姿两种。立姿佛像造型较为统一，多一手施无畏印，一手提握衣角，佛衣两缘顺手臂自然垂落，下摆宽平而褶皱齐整，腰间以一条精妙的阴刻线暗示裙际位置，但不予表现裙带细节。佛衣单薄贴体，衣纹或以凹凸线交代走势，或作素面无华表现，体现出笈多时期两大造像中心对波罗佛像的不同影响（图4-10、图4-11）。

坐像多延续笈多朝萨尔那特天衣派做法，袈裟领口紧小，衣纹平素光滑，佛衣缘口以精细的隆起线交代结构，光背与基座则映射出波罗王朝酷爱华丽装饰的时代风尚（图4-12）。

图4-11 加尔各答博物馆藏比哈尔库尔吉哈儿出土三道宝阶降下石雕，9世纪，高142厘米

图4-12 比哈尔出土坐佛铜像，9世纪

图4-13 巴特那博物馆藏比哈尔库尔吉哈儿出土宝冠佛铜立像，约10至11世纪

波罗后期，通肩式佛衣在部分宝冠佛像上也有体现。库尔吉哈儿出土、现藏巴特那博物馆的宝冠佛立像（图4-13），约为10至11世纪作品。该像左手施无畏印、右手握衣角、通肩式佛衣紧贴躯体、衣纹不作刻画等特征，仍然延续笈多朝萨尔那特风格特征，而山形宝冠、花状缯带和耳饰、珠宝项饰及脚下的束腰仰覆莲台，则属于波罗宝冠佛像的典型样式。尤为独特的是，佛衣摆端朝踝部向下收缩，衣褶呈Z状有序排列，小腿部位装点菱形花纹，与笈多时期佛衣下摆平行圆转的处理方式相去甚远。

第四节 波罗右袒式佛衣中的布状物问题

上文所述波罗朝降魔成道佛像的右袒式佛衣有两类，第一类属于印度本土佛衣系统，仅以袈裟披覆左肩，不见其他装饰物；第二类在第一类的基础上，佛之左半身披覆一块大布，并以一束布状物镇压左肩，这一形制不见于笈多以前的佛教造像。以下从佛教文献和考古实物两个方面，对促成这一细节变化的成因和历程进行考察。

从右袒式佛衣的带饰及结构来看，天竺沙门至迟在义净西行时，已有披着丝质袈裟的现象。因丝质袈裟轻薄，沙门在寺中活动和礼拜时，衣角易从肩部滑落，故而发明了以粗绸或棉布镇压左肩的方法。这一做法并非释迦所制，是在袈裟不施钩纽的情况下，沙门为行事方便的权宜之举。据此，以布镇压左肩的做法，只适用于右袒式袈裟，现存的以一束布状物镇压左肩的佛像，也多着右袒式佛衣，且布状物叠压痕迹清晰，因而沙门与佛像间的衣着样式应存在紧密的关联。至于右袒式佛像左半身披覆大布的现象，则可能与以大衣僧伽梨镇压左肩的着衣方式有关。天竺沙门在出入村落时，最外层大衣僧伽梨可叠好后置于头上或镇压肩上，与之相应。在笈多以前的印度佛像中尚未见到以僧伽梨镇压左肩的造型等相应像例。

图4-14 阿旃陀第34窟前室天井壁画，6世纪后半叶

图4-15 埃罗拉石窟第12窟第3层后壁说法佛石雕，8世纪

图4-16 埃罗拉石窟12窟第3层倚坐佛三尊石雕，8世纪

对右袒式佛衣演变历程的认识，可参照实物遗存进行梳理补充。位于今德干高原西北部的阿旃陀石窟后期壁画（约450—650），通常归入笈多艺术进行讨论。其中第1窟前室左壁的《降魔变》，约绘制于6世纪前半叶。画面中的佛陀仍为螺发肉髻，未佩戴宝冠项饰，衣着样式也属于传统的右袒式佛衣，左肩不见前垂的布状物。不过，画中男女人物的三屈式体态，已预示着对笈多时代古典主义风格的背离。稍后绘制于6世纪后半叶的第34窟前室天井壁画（图4-14），以横向式构图表现右袒式佛像行列。画面虽未完成，但宽肩细腰的佛陀身姿、带有靠背的金刚宝座，以及简化魔众攻击的构图形式，都是笈多后期降魔成道佛像的流行样式，后期成为波罗式佛像的构图原型。

实物所见，降魔成道佛像中的第二类佛衣，最晚在后笈多时代已大量出现在距离阿旃陀不远处的埃罗拉石窟。约开凿于6—8世纪的埃罗拉第12窟，后壁顶层分别布置禅定佛和说法佛各七尊，佛像皆于右袒式袈裟的左半身披覆大布，并在左肩前垂一束布状物（图4-15）。同一层级的倚坐佛像也着同类佛衣（图4-16）。这一现象表明，此类新式佛衣或形成于波罗以前的南印度半岛。需要指出的是，埃罗拉石窟汇聚了佛教、印度教和耆那教造像因素，因而教义上的碰撞交融、建筑形制与雕刻风格的相互影响，必定在所难免。因此有理由认为，此类佛衣可能是在南印度半岛成型后，借助宗教文化交流之便，影响到波罗腹地的佛教造像，进而与降魔成道题材逐渐形成固定表现形式。

实际上，左肩压覆一束布状物的降魔成道佛像也大量出现在南印度朱罗王朝佛教造像（图4-17）中。与波罗王朝的典型样式不同，朱罗王朝佛像压覆右袒式佛衣的长条形布状物更加规整厚实，且不见覆盖左半身的大布，在样式上与东南亚地区南传佛教造像的关系更加密切。这一现象或正体现出波罗佛像从第一类右袒式佛衣到第二类的过渡形态，也间接印证了新式佛衣的外来属性。

图4-17 南印度纳加帕蒂南出土佛陀坐像，12世纪，高14.3厘米

笈多时期，巡礼释迦经行圣迹成为佛教信众表达宗教信仰的独特方式，由于释迦住世期间主要活动在北印度地区，因而菩提伽耶与降魔成道佛像之间的内在关系被牢固确立，与之相应，以释迦降魔成道为主题的佛传图式受到垂青。波罗王朝立国于笈多故地，早期佛教艺术主要承继笈多风格，但佛像服饰特征表明，波罗前期的佛教造像并未钟情于笈多艺术的某一流派，而是在综合继承的基础上酝酿着富有时代特色和地域风格的造型样式。波罗王朝虽偏居印度北部，但笈多以后印度佛教的密教化进程，加上印度教、耆那教及民间信仰元素的共同作用，使得波罗佛像在一定程度上超越了地域、民族、宗教的隔阂，最终在交互融通的文化情势下，孕育出新式佛衣类型，形成了繁缛富丽的风格特征。

第五节 波罗对西藏佛教艺术的影响

据文献可知，西藏早期佛教艺术与印度波罗密教有着密切的关联。8世纪中后期至9世纪中叶，以寂护、莲花生等众多高僧入藏传教为标志，是为西藏佛教“前弘期”。此期佛教文物遗存极少，相关情况尚不明确。11世纪上半叶，以印度高僧阿底峡入藏为标志，一直延续到12世纪中叶以后，是为“后弘期”。此期印藏僧人往来频繁，佛教艺术交流规模扩大，特别是波罗王朝覆灭后，境内佛教经像伴随前来避难的僧侣得以完整植入藏地。

现存西藏早期佛教造像以石窟摩崖为主，按照佛教发展状况和实物风格类型可划分为三个主要区域，即西藏中部、西藏西部和西藏东部，以下简称卫藏、藏西和藏东。西藏佛教传入之初，佛像主要出现在卫藏地区。

卫藏早期佛教造像以拉萨市布达拉宫西南的查拉路甫（札那路浦）石窟为代表。[9] 该窟为平面略呈长方形的中心柱窟，柱体四面及洞窟四壁皆开龛造像。第一期造像多为一佛二胁侍布局，主尊有着鲜明的形式特征：头戴高冠，身披右袒式佛衣，左手仰掌横置腹部，右手垂下作降魔触地印，结跏趺坐于仰覆莲座上。以上造像特征皆与印度波罗时期的降魔成道宝冠佛像相符，表明至迟在公元8世纪，卫藏地区已传入印度波罗式佛像风格。需要注意的是，传入藏地的降魔成道佛像，不再表现魔女魅惑等叙事性场面，而是着意突出尊像的正面与其礼拜性质。

《西藏王统记》载：“（松赞干布）王又于扎拉鲁浦修建神庙。……主从共五尊。……复由尼婆罗（尼泊尔）匠师将其刻镂，更加显明。在转经堂岩壁上，所有雕刻均由藏民竣其事功。”[10]

已有学者据此指出，主从五尊与石窟中心柱正面龛内的组像完全相同，且开凿此窟的松赞干布之妃茹雍出身党项，而党项临近固原、敦煌，因而石窟形制可能源自河西地区。[11] 也有学者认为，窟内早期菩萨造像的“T字形腰带”和“三折弯”体姿，以及头戴高冠的坐佛，应是受到印度波罗佛像的影响。[12]

此处需要注意的是，位于该窟壁面的同一时期佛立像（图4-18）[13]，身躯作“三屈式”扭动，头戴高冠，着轻薄贴体的右袒式佛衣，其素面平滑的衣纹处理方式，与北京故宫博物院藏12世纪尼泊尔铜铸立像（图4-19）有着一脉相承的风格特征。结合上述文献内容可知，该窟造像中的波罗造像因素或由尼泊尔工匠传入，或直接体现出尼泊尔的造像风格，总体可归入印度-尼泊尔风格。

本节藏西特指今西藏西部的阿里地区。近年在日喀则西南吉隆地区发现的“日松贡布”摩崖造像，于崖面浮雕一铺三尊菩萨立像（图4-20），其“三屈式”身姿、“T字形帛带”及装饰物等，与前述查拉路甫石窟第一期造像接近，特别是中央观音菩萨的左手持一长茎盛开莲花，为波罗艺术所特有。

图4-18 拉萨查拉路甫石窟转经廊北壁下排立佛石雕，7世纪后半叶至8世纪初，高66厘米

图4-19 北京故宫博物院藏尼泊尔制作与愿印铜镀金佛立像，12世纪，高40厘米

由于造像位于古代吐蕃经尼泊尔至印度的蕃尼道附近，因而被学者视为波罗艺术直接进入卫藏地区的重要证据。[14]

现存藏西地区较早的佛像实物，主要是 11 至 13 世纪的绘画作品，以札达县的帕尔嘎尔布石窟、桑达石窟和黑水城西夏唐卡画像等为代表，具有浓郁的波罗 - 尼泊尔艺术风格。[15] 佛像仍以右袒式袈裟为主，但与波罗佛像相比，在披覆结构方面出现细微差异。以帕尔嘎尔布石窟 K1 西壁壁画（图 4-21）为例，根据题记，其中有四身属于药师七如来体系。[16] 着右袒式袈裟的佛像左肩上，很少见到流行于北印度地区的一束布状物，其中缘由尚不明确，或与当时藏西的古格王朝

图4-20 吉隆日松贡布摩崖造像，9世纪，高约150厘米

在吸收域外风格的同时，也在寻求符合自身信仰观念的表达方式有关。

现知藏东地区有造像遗迹七处，时间集中在公元 8—9 世纪的吐蕃时期。[17] 主要表现身着菩萨装的大日如来及其胁侍、眷属，出自密教胎藏界教义内容，其造型特点和图像组合属于中晚唐时期流行的汉密系统，与波罗风格所涉无多。

需要注意的是，9世纪中叶至11世纪中叶的200年间，印度佛教势力与吐蕃卫藏地区少有往来，波罗密教艺术改经丝路古道向东弘传，河西走廊的敦煌莫高窟、安西榆林窟，皆有波罗美术印迹。

河西地区的波罗风格作品最早见于敦煌壁画。中唐时期，吐蕃占领敦煌后，波罗艺术随即传入敦煌。不过，此期波罗样式的影响有两个显著特点：一是少见壁画作品，目前似只发现于榆林第25号中唐窟的正壁，更多的内容保存在藏经洞的帛画里；二是很难见到纯正的波罗艺术样式，其原因可能与吐蕃改造和汉化影响有关。莫高窟壁画自晚唐至北宋前期（848—1036），波罗艺术风格时隐时现，绵延不绝。

公元 12 世纪末，波罗王朝覆灭，佛教在北印度地区彻底失势。随着佛教僧众向周边地区大量流徙，西藏地区再次注入纯正的波罗艺术新鲜血液，波罗风格的佛教造像也得以在西藏造像体系中重新散发旺盛活力。元朝时，藏传佛教造像在原有基础上大量吸收汉传造像因素，形成所谓的“西天梵相”，一方面肇开了明清宫廷藏传佛教艺术流派之先河，另一方面又对西藏本土的藏传佛教艺术创作产生重要影响。[18] 此后，佛教造像规模不断扩大，金铜造像渐成主流，但由于本土化和地域文化交流等因素影响，波罗风格逐渐消融在了中国佛教造像长河当中。

（本章由张保珍博士撰文）

图4-21 帕尔嘎尔布石窟K1西壁壁画，约13世纪

注释：

1. 肥塚隆解説、田枝幹宏写真：《美術に見る釈尊の生涯》，平凡社，1979，图55、56；肥塚隆、宮治昭編集：《世界美術大全集・東洋編13》，小学館，2000，图76。
2. 肥塚隆、宮治昭編集：《世界美術大全集・東洋編13》，小学館，2000，图153；刘永增：《瓜州榆林窟第3窟释迦八相图图像解说》，《敦煌研究》2014年第4期，图3、5。
3. 律典规定，右袒式佛衣多用于礼佛、供养、忏悔、面见长老、论证佛法等场合，以示慎重、尊威之意；通肩式佛衣则在僧尼坐禅、诵经或出入世俗之地时穿着，是为彰显袈裟福田相之功德。
4. 邢军：《广元千佛崖初唐密教造像试析》，《文物》1990年第4期；丁明夷：《川北石窟札记——从广元到巴中》，《文物》1990年第6期；常青：《试论龙门初唐密教雕刻》，《考古学报》2001年第3期；李静杰：《五代前后降魔图像的新发展——以巴黎集美美术馆所藏敦煌出土绢画降魔图为例》，《故宫博物院院刊》2002年第6期。
5. 吕建福：《中国密教史（修订版）》，中国社会科学出版社，1995，第243—257页；张文卓：《关于菩提树下施降魔印宝冠佛像的再探讨——以密教佛顶法兴起为视角》，《甘肃社会科学》2014年第3期。
6. 雷玉华：《巴中石窟研究》，民族出版社，2011，第207—231页。
7. 玄奘在《大唐西域记》卷八《摩竭陀国上》记载，位于该国正觉山西南十四五里的菩提树东，有一精舍，“精舍既成，招募工人，欲图如来初成佛像。……结加（跏）趺坐，右足居上，左手敛，右手垂，东面而坐，肃然如在，……珠瓔宝冠，奇珍交饰”。
8. 降魔成道图像自发生以至波罗时代，佛陀结触地印的右掌心多作内向，但相关佛传经典对触地印的仪轨形象并无明确描述，如后汉竺大力与康孟详译《修行本起经》、吴支谦译《太子瑞应本起经》、西晋竺法护译《普曜经》作手按大地，隋阇那崛多译《佛本行集经》、唐地婆诃罗译《方广大庄严经》为手指大地，北宋法贤译《众许摩诃帝经》则为以手触动大地。
9. 西藏文管会文物普查队：《拉萨查拉路甫石窟调查简报》，《文物》1985年第9期。

10. 索南坚赞：《西藏王统记》，刘立千译，西藏人民出版社，1985，第92页。

11. 宿白：《藏传佛教寺院考古》，文物出版社，1996，第24—25页。

12. 霍巍：《吐蕃第一窟——拉萨市药王山札那路浦石窟的几个问题》，《考古与文物》2003年第1期。

13. 简报误作“菩萨像”。

14. 霍巍：《吉隆文物古迹与蕃尼道上古代中尼文化交流的若干问题》，《西藏研究》2000年第1期。

15. 谢继胜：《黑水城所见唐卡之胁侍菩萨图像源流略考》，《佛教与中国传统文化》，宗教文化出版社，1997，第619—659页；四川大学中国藏学研究所等：《西藏阿里札达县帕尔嘎尔布石窟遗址》，《文物》2003年第9期。

16. 张长虹：《西藏阿里帕尔嘎尔布石窟（K1）壁画题记释读与相关问题》，《文物》2016年第7期。

17. 有关藏东地区佛教遗迹，参见霍巍《青藏高原东麓吐蕃时期佛教摩崖造像的发现与研究》，《考古学报》2011年第3期。

18. 熊文彬：《元朝宫廷的“西天梵相”及其艺术作品（上）》，《中国藏学》2000年第2期，第24—48页；熊文彬：《元朝宫廷的“西天梵相”及其艺术作品（下）》，《中国藏学》2000年第3期，第93—104页。

第五章

古印度佛像服饰向中土的传播

俞伟超先生对东汉佛教考古资料进行列举，内容包括内蒙古和林格尔壁画墓中的降身故事和舍利像、山东沂南画像石墓中的佛立像、山东滕县（今滕州）画像石中的《六牙白象图》、四川乐山麻浩和柿子湾崖墓中的佛坐像、四川彭山崖墓所出摇钱树座上的一佛二菩萨、连云港孔望山摩崖造像等。[1]可以看到，东汉时期佛教资料的分布，并未遵循传统意义上北方丝路由西向东的输入路线。并且，无论是依据正史记载，还是使用科学方法对西域考古发掘进行年代测定，都未发现佛教艺术传入西域早于内地的实例。

长江流域出土于2至3世纪的大量佛教遗物，就同时包含有来自贵霜犍陀罗和秣菟罗的风格影响，昭示了早期佛教艺术在中国的初传。在中土，无论是北方黄河流域，还是南方长江流域，佛教艺术的传播轨迹总体趋势是由西向东，但也不能排除佛教艺术在东汉年间就传入了东部江淮，以及其他沿海地区。

古印度佛像最早是经由北方丝绸之路、滇缅道、海上丝绸之路中的哪条道路传至中土的，仍是存在争议的问题。至少有迹象显示，这三条道路，在1世纪前后至6世纪末，即中国佛教艺术由萌生走向成熟的不同阶段，对佛教艺术的引入，起到过不可或缺的重要作用。以下结合实物资料和文献记载，对古印度佛像服饰向中土的传播，作样式来源和传播路径的分析。

第一节　中土佛像由西向东的传播及其来源

南方长江流域发现许多东汉至西晋时期佛教遗物，包括饰有佛像的摇钱树、铜镜、魂瓶等明器，另外，在墓室门楣上也出现了佛像，已有汉至西晋佛教造像资料140余处，其中有明

图5-1 汉延光四年摇钱树铜佛像

图5-2 刻有“延光四年五月十日作”铭文的摇钱树陶插座

确纪年的30余处。这些实物资料显示，中土佛教造像最早兴起于南方。

长江流域早期佛像几乎均着通肩式佛衣，结跏趺坐姿，地处长江上游的四川地区佛像，多为东汉至蜀汉时期的作品，佛像左手握衣角，右手施无畏印。长江中下游地区佛像多为东吴至西晋时期作品，佛多作禅定印。

目前现存最早的纪年佛像，是重庆丰都出土东汉延光四年（125）摇钱树上的佛像（图5-1、图5-2）。

长江流域早期佛教遗物的发生时间，大体呈现西早东晚的态势。当然，一些学术困惑仍是存在的，如江苏连云港孔望山出现的摩崖浮雕中出现了佛像，一般被认为是东汉晚期作品。

四川早期佛像的传入渠道，有印度经缅甸、云南一线传入说，即滇缅道传入，有西域取羌中一线传入说，即甘青道传入。风格样式来源也有偏重秣菟罗说和偏重犍陀罗说。

偏重秣菟罗的观点认为：“四川地区早期佛像之像容，带有浓重的外来因素，这是佛教造像初入中国的典型标志。这似乎在暗示着，印度佛像进入中国是由这里开始起步的。佛像的神仙式也好，神仙式的佛像也罢，这里是研究中国佛像汉化的基点。在四川这个中国早期佛教造像的基点上，从风格上大致可分为两类。第一类为典型的秣菟罗风格。如彭山汉墓出土的陶塑佛柱础，佛像那种高耸的螺状肉髻即保留有秣菟罗造像特有的遗风。前文曾说过，螺状肉髻只有秣菟罗造像具有这一特征，犍陀罗地区始终未见。即使出现个别有螺的造像，也应该是在秣菟罗造像影响下产生。脸型几乎与秣菟罗造像没有什么区别，可与秣菟罗博物馆所藏 1 世纪中期的佛头像作一比较，佛像所着通肩衣的形式，那种平行下弧纹阴线刻衣纹，在秣菟罗造像中最为流行，如乐山崖墓佛像即属这一类型。柿子湾造像虽风化剥落严重，几难辨面目，但那种高耸的肉髻当属螺髻，且风格与乐山崖墓相近，为秣式影响无疑。另一类造像在时代上相应要晚一些，在造像风格上具有多种因素，即除有秣菟罗的影响外，或间有当地乃至犍陀罗系统的一些特点，如绵阳何家山与四川忠县造像，虽然在造像手势上仍保持秣菟罗造像那种右手上举紧贴前胸、左手高举衣裾的特点（犍陀罗系统造像手势一般为右手上举外张，左手较低），衣纹也如秣式一样绵密细劲，但肉髻似为束发式，或与犍陀罗的影响有关。”[2]

偏重犍陀罗的观点认为：“四川早期佛教遗物具有明显的西北印度犍陀罗雕刻的风格特征。首先姿态皆取结跏趺坐，右手于胸前作施无畏印，左手提握袈裟，这在犍陀罗佛像中最为常见，也最为典型。秣菟罗地区出土的佛像虽也有此种姿态，但典型的秣菟罗佛像作施无畏印的右手位置较高，上举与肩平或高于肩，并让开胸部，因而显得胸部开阔，饱满，精神奋张，孔武而有力，与犍陀罗那种静穆的处理手法迥然不同。麻浩、柿子湾，特别是绵阳和忠县涂井的钱树铜佛像左右手之间的袈裟衣褶下垂、重叠呈 U 形，装饰效果与白沙瓦迦腻色伽舍利容器上的坐佛比较接近；麻浩、绵阳佛像的肉髻明显见竖向纹路，与犍陀罗佛像同；绵阳、忠县涂井佛像上唇有短髭，仅见于犍陀罗佛像，与这一地区游牧民族的好尚有关。凡此，均可认为四川早期佛教造像与西北印度犍陀罗雕刻之间有着传递关系。”[3]

四川地区早期佛像，较具代表性的有重庆丰都出土汉延光四年摇钱树上的佛像，与之相似者另见忠县摇钱树上坐佛（图5-3）、安县摇钱树上坐佛、彭山东汉墓出土摇钱树座主尊坐佛、乐山麻浩汉代1号崖墓佛像，这些佛像具有以下特征：

其一，佛衣均为通肩式，佛左手握衣角，右手施无畏印。

其二，衣纹分为集衣襞于左肩（丰都、忠县、安县摇钱树

图5-3 忠县摇钱树上坐佛

坐佛）和U形对称（彭山摇钱树座坐佛、乐山崖墓坐佛）。

其三，部分佛像清楚显示蓄小髭（丰都、忠县、安县摇钱树坐佛）。

其四，佛发形式显示有两种：螺状肉髻和束发肉髻的融合样式（彭山摇钱树座坐佛），束发肉髻（丰都、安县摇钱树坐佛）。

贵霜时期犍陀罗和秣菟罗的佛像，虽然在发展的后一阶段有过相互影响，但仍有一些造像因素是犍陀罗佛像特有的，如通肩式佛衣集衣襞于左肩，蓄小髭，束发肉髻，着僧祇支。若以此作为参照，丰都、忠县、安县的摇钱树坐佛的佛衣及佛发形式，确实带有很强的犍陀罗印迹。

但同时也要看到，彭山摇钱树座坐佛头部发式的上半部分为螺状肉髻，下半部分呈束发状，这两种发式集中表现在一身佛上，再加上U形对称衣纹的出现，综合其表现形式，与犍陀罗出土迦腻色伽舍利函上坐佛如出一辙，这就从实物层面清楚显示了彭山摇钱树座坐佛，与犍陀罗佛像有一定渊源关系。

需要指出的是，迦腻色伽舍利函上的坐佛，已不属纯粹犍陀罗地域风格的佛像，因其突出体现了U形对称衣纹，而该衣纹在迦腻色伽执政晚期以后，多见于秣菟罗佛像，且呈跨地区传播，迦腻色伽金币上的佛像也多作U形对称衣纹。彭山摇钱树座坐佛和乐山麻浩1号崖墓坐佛源自秣菟罗也是完全可能的。

如果四川地区早期佛像的造像因素包括犍陀罗和秣菟罗，那么滇缅道传入说和甘青道传入说就应该是合理的。

另一个值得关注的现象，是两汉时期着右袒衣或右手上举的小铜人像。

现有的考古资料显示，公元前2世纪，中土就出现了一些高度程式化的跪姿小铜人，其右手上举、左手抚膝，右袒着衣，有肉髻，这些造型特征已经与印度贵霜时期秣菟罗佛坐像极为相似。虽然将这类铜人视为佛像，有悖于佛像最早出现于公元1世纪前后这一普遍认知，但这些造像呈现出与佛像特征高度的相似性，让人无法忽视其与佛像可能存在的关联。相关像例有：

其一，河北满城一号汉墓出土铜人 2 件（图 5-4），考古报告对二铜人有这样的描述："作坐姿，服饰、风格基本相同。头戴圆帽，高髻，身披错金锦纹衣，袒胸露腹。1:4168 盘腿而坐，双手置于腿上，高 7.7 厘米。1:4169 跪坐，右手上举，左手置于腿上，高 7.8 厘米。两者表情都很滑稽，似为供剥削阶级娱乐的倡优人的形象。"[4] 据发掘报告，一号墓的墓主死于汉武帝元鼎四年（前 113），一号和二号墓两座墓的年代，都晚于长沙马王堆一号汉墓，而处于丧葬制度发生显著变化的西汉中期。

图5-4　河北满城一号汉墓铜人

图5-5 江苏盱眙汉墓铜人

其二，江苏盱眙县大云山西汉江都王陵一号墓，出土4件小铜人（图5-5），形态与满城汉墓类同，考古报告认为小铜人是铜镇，具体描述为："1组4件，两两相对。伎乐俑形。出自南回廊东部上层。M1:5144-1，右手附耳，左手平放于腿上，两腿盘踞。器表以鎏金技法进行装饰。底长5.5、宽5.1、高7.5厘米。M1:5144-3，尺寸与M1:5144-1相近，唯表情略有不同。右手下垂。"[5]据考古报告，该墓下葬年代应在公元前128年或稍后。

同期相似像例还有多身，这里不一一列举。[6]在这些像例中，人物有单身、两人一组或四人一组的形式，其中的单身像是否为缺失所致尚不能确定。围绕造像的身份，有学者认为这些两人一组或四人一组的人物坐像为六博人物[7]，四人一组或为两名戏者、两名观者，有其合理性，但仍无法清晰解释以下问题：

其一，在这些形态相似的人物间，并未发现六博局盘[8]，其表现题材是否属于六博仍存疑。甘肃武威磨嘴子48号汉墓出土彩绘木制六博俑（图5-6）及美国大都会博物馆藏东汉六博陶俑，均有六博局盘。而且这两组六博人物均着中国传统交领衣，并未出现袒右着衣的现象。

其二，满城汉墓和盱眙大云山汉墓中的两身一组像，在同类像中发生时间较早，做工亦较精良，并且造型应出自同一母本。在其他像例中能见到做工略逊但仍遵循这一像制者。特别是坐像中出现的右袒着衣、右手上举、肉髻三个因素，与佛像的袈裟右袒、右手施无畏印、顶作肉髻相印合，仅以偶然巧合视之是不够严肃的，或许需要重新关注美国亨廷顿夫妇关于佛像起源于释迦入灭后不久的观点[9]，以及汉哀帝元寿元年（前2）以前佛教传入中国的一些传说[10]。

其三，即便以上像例为六博题材，汉代六博活动因作为西王母的辅助图像出现，而具有了宗教色彩。[11]佛教于两汉之际正式传入前，是否通过民间传播的方式渗入中国，包括六博在内的民间娱乐、信仰活动中，亦如佛教在正式传入日本以前的

图5-6　甘肃武威磨嘴子48号汉墓出土彩绘木制六博俑

近两百年，中国佛教造像因素已在日本民间的佛饰铜镜上有所反映一样。

若如此，这些结跏趺坐、顶作螺髻、右手上举、左手抚膝、右袒着衣的铜人像的存在，是否意味着中土佛教造像较早接受的是来自贵霜秣菟罗佛像的影响？

第二节 中土佛像由东向西的传播及其来源

北方丝路古道，在佛教艺术东传过程中的确起过积极作用，时间主要在北魏早期以前，宿白针对河西地区佛教艺术特征提出的“凉州模式”[12]，清楚显示北魏云冈石窟造像包括佛衣样式在内的诸多造像因素，受到来自十六国时期（4 世纪初—420）凉州的影响，佛教艺术在中国北方由西向东的传播脉络是清晰的。此后，在南北朝大部分时间内，这一传播势头减弱，转而出现逆向的、由东向西的波动轨迹，造像传播呈现由长江流域向黄河流域（包括西北）辐射和渗透的状态。导致这一现象的原因是多方面的，除了北魏都城平城实力的集聚和南朝影响力的增强，更重要的，还与佛教及佛教艺术域外传入路径的改变有关。5 世纪中期，西域传入线，已渐趋为南方海路传入线所取代。[13]

4世纪初，贵霜王朝被笈多王朝取代，王朝的更迭引发了印度佛教造像风格的转变。贵霜时期的犍陀罗与秣菟罗两大源点风格趋于融合，出现了兼具外来及本土化的笈多风格，造像中心也发生变化，分别为秣菟罗和东部的鹿野苑。

同期，犍陀罗地区已失去了往昔的地位，石雕作品锐减，泥塑激增。造像风格越来越为笈多式同化，造像多作螺发，薄衣贴体的佛像大量出现，贵霜时期的素面背光上增添了华丽的笈多式装饰纹样。随着贵霜犍陀罗造像在印度的式微，影响中国北方十六国时期的主要为笈多风格。由河西、关陇等早期造像注重人体的刻画，可以看到这类风格产生的影响，在对衣纹的线刻处理方式上，还渗有贵霜时期秣菟罗造像遗风。北方对笈多风格还未进行全面的吸收，就因太武帝灭法受到扼制，其后，虽有文成帝复法，佛教造像得以复兴，其风格仍归凉州一脉[14]，至孝文帝改制（486—495），西来影响就此停滞。

长江流域东晋造像多不见实物留存，由记载可知汉至西晋流行于民间的墓室造像，已为金铜造像取代，建寺造像的规模为社稷所不容，导致刘宋元嘉十二年（435）禁铜令的颁布。1997 年，江西南昌考古工作者在南昌火车站发掘出东晋墓葬群[15]，在标号 M6 的墓葬中，出土有四枚金戒指，饰有佛像造型，系采用模压和錾刻的方法制成。佛像有螺髻，呈结跏趺坐，可作为同期南方盛行金铜造像的物证之一。

此外，1990 年 4 月，在云南大理白族自治州巍山县出土一批石质佛教造像，其中的观音菩萨背屏造像[16]（图 5-7、图 5-8），其题材、组合及风格均类似成都万佛寺梁中大同三年（548，即太清二年）观音造像（图 5-9），制作时间应为 6 世纪中期。这批造像整体风格呈现并不一致，其中一部分制作时间要更早。

东晋南方除大规模流行小型金铜造像外，规模较大的佛教壁画也已出现。著名宗教画人有王廙、顾恺之，《历代名画记》称王廙“过江后为晋代书画第一”，参与了戴逵主持的武昌昌乐寺西塔壁画的绘制。顾恺之于建康瓦官寺所绘“维摩诘”壁画，有“清羸示病之容，隐几忘言之状”，传本《洛神赋图》及《女史箴图》卷，其中人物造型清秀飘逸，开中国绘画密体一脉之先。

图5-7　南诏观音像

图5-8 南诏观音像

图5-9　四川万佛寺梁中大同三年观音造像

晋宋之际师承顾恺之的宗教画人陆探微，画风被唐人张怀瓘描述为“秀骨清像，似觉生动”，可以看出随后大规模影响北朝的“秀骨清像”造像，南方在晋宋之际已出现。

记载中，东晋佛教造像最值得关注的大家还有戴逵、戴颙父子，《历代名画记》载：“逵既巧思，又善铸佛像及雕刻，曾造无量寿木像，高丈六，并菩萨。逵以古制朴拙，至于开敬，不足动心，乃潜坐帷中，密听众论，所听褒贬，辄加详研，积思三年，刻像乃成。”“后晋明帝、卫协皆善画像，未尽其妙，洎戴氏父子，皆善丹青，又崇释氏，范金赋采，动有楷模。”《宋书·戴颙传》载：“自汉世始有佛像，形制未工，逵特善其事。”《尚书故实》载：“佛像本胡夷村陋，人不生敬，今之藻绘雕刻，自戴颙始也。”

南方在东晋时期，造像传入已自有渠道，而无需经西域传入。《梁书·外域传》和张彦远《历代名画记》载，晋义熙初年，师子国献玉像，高四尺二寸，玉色特异，制作精美，置建康瓦官寺，与顾恺之的维摩诘像、戴逵的五躯手制佛像并称瓦官寺“三绝”。《法显传》载，东晋僧人法显于师子国返回，原计划目的地是南方广州，其随船带有大量经像。这些多由海路进行的佛教交往，在南北朝时期得到进一步加强。

南北朝的时间跨度为公元420至589年，此间印度西北发生的变故也值得关注，对我国北方佛教的传入格局产生重大影响。

5 世纪初，笈多王朝受到西北部嚈哒人[17]的挑战，他们于 460 年灭掉盘踞在兴都库什以北的大月氏，并占领了犍陀罗地区，势力远及康居、安息、于阗、沙勒等三十余个小国。在其辖地毁窣堵坡，废僧伽蓝。嚈哒人在犍陀罗地区统治了 60 年（460—520），后继统治者又都是印度教徒，犍陀罗佛教艺术就此终结。公元 400 年，法显周游北印度时，这一带佛教还较兴盛，至 520 年，北魏宋云入嚈哒国，已是“不信佛法，多事外神，杀生血食”。唐玄奘也对此地佛教被毁情况多有记述。此外，日本学者羽溪了谛认为，嚈哒人在占据于阗时，当地佛教及伽蓝蒙受了重大打击。[18]

嚈哒统治时期，犍陀罗及于阗佛教已处瘫痪状态，盘踞在高昌的沮渠政权及柔然与北魏互有敌意[19]，传统意义上发生在丝路古道上的佛教东传在北朝文成帝（452—465）以后即已停滞。

随后，北魏发生的孝文帝改制事件颇耐人寻味。一方面，是为了加速鲜卑族与汉民族在政治、经济、文化上的多方融合，以期巩固北魏鲜卑族的统治地位。另一方面，与作为重大治国方略的佛教西来受阻有关。北朝自此而后，造像风格主要由南线传入。

孝文帝改制后，“秀骨清像”褒衣博带式佛像大规模出现在北朝，呈现以东洛为中心，由东向西传播，云冈二期及龙门造像多为此制，麦积山、莫高窟由于远离政治中心，迟至于西魏时期出现，传播路径：建康→龙门→麦积山→莫高窟。与此同时，这种新造像样式，还通过另一条传播路径向西北传播，即建康→成都→麦积山→莫高窟。[20]至此，南朝已取代印度及西域诸国，成为向北方汉地输出佛教造像的主要地区。

“秀骨清像”佛像，在5世纪末以后，给中土造像带来了大一统的局面，时间长达近半个世纪。如果说这是自佛教传入中土后，本土化进程高度成熟的体现，那么发生于6世纪中期的又一次大规模风格转变，则是向“印度化”风格的回归。

学界对这次风格变化，通常用“面短而艳”概括。史书对齐梁年间“面短而艳”风格创立者张僧繇的画风有记载，许嵩《建康实录》：“寺门遍画凹凸花，代称张僧繇手迹，其花乃天竺遗法，朱及青绿所成，远望眼晕如凹凸，就视即平，世咸异之，乃名凹凸寺。”可见张僧繇绘画风格的形成与印度关系密切，当时世人对这种外来画法也颇感新奇。其人物画开疏体一脉，张怀瓘《画断》云“象人之美，张得其肉，陆得其骨”，米芾《画史》谓之“面短而艳”，隋唐造像正是此风的延续。可以看出，中土人物造像由注重“风骨”刻画转向对丰盈肉体的表现，首见于张僧繇，这与笈多风格追求相近。

与“面短而艳”风格相伴的，还有中土佛衣风格及样式发生的变化，佛衣风格，由之前的外展飘逸，变为薄衣贴体，佛衣样式，由之前的褒衣博带式佛衣，分别被褒衣博带演化式和敷搭双肩下垂式所取代，同时还夹杂着少量的通肩式和右袒式佛像。地域分布为：青州、建康、成都、天水、敦煌沿线。佛多着褒衣博带演化式佛衣，同时也出现了一些右袒式佛像。青州地区在北齐时期，还出现了类似笈多萨尔那特对衣纹少刻或不雕不刻的表现形式。北齐政治中心临漳、太原附近的响堂山、灵泉寺、天龙山佛像，衣着多为敷搭双肩下垂式，还有少量贴体披着的右袒式佛像。

褒衣博带演化式佛衣外观与天竺通肩式佛衣相似，但也有根本不同，区别在于，通肩式佛衣右上角只敷左肩，与左臂无涉，如前文提到的成都西安路梁太清五年（551）阿育王像。褒衣博带演化式佛衣的袈裟右上角覆左肩，这一样式是由褒衣博带式佛衣演化而来，存在一个演化过程，起先是将褒衣博带式搭于左肘的袈裟衣角上移，连同左肩、臂一并覆盖，领口下垂，佛的胸腹部或仍保留带饰（图5-10、图5-11），之后领口进一步向后收紧（图5-12、图5-13），胸腹部带饰被掩，袈裟右上角覆左肩、臂。

敷搭双肩下垂式佛衣更近于早期半披式袈裟（图5-14、图5-15），联系同期诸多笈多风格造像的出现，可以看到中土此间造像有向早期形式回归的趋向，和很强的“印度化”色彩。

域外佛教艺术的影响，经5世纪末至6世纪中期，近半个世纪的停顿后，又一次对中土产生强大影响。由南朝诸多造像上的先进性及影响力来看，有理由认为，萧梁时期（502—557），南朝以建康为中心，成为域外造像艺术对汉地的主要输入地，此次风格的形成较多吸收了笈多造像特点，应与梁武帝大力推进与域外佛教交往有关。

南朝成为引进外来造像艺术的中兴之地绝非偶然，前文讲到，东晋时期南方已辟有与域外佛教交往的渠道，至南朝，这种多由海路进行的交往更趋频繁，并且在往来国家中，师子国及扶南国（今柬埔寨）取代印度成为向中国传播

图5-10 梁中大通元年（529）鄱阳王世子造像

图5-11 青州东魏天平三年（536）智明造像局部

图5-12 震旦文教基金会藏山东北齐立佛正面

图5-13 震旦文教基金会藏山东北齐立佛背面

图5-14　震旦文教基金会藏着敷搭双肩下垂式袈裟的北齐比丘正面像

图5-15　震旦文教基金会藏着敷搭双肩下垂式袈裟的北齐比丘背面像

佛像的主要国家。

僧人沿海路往返的路线不尽相同，晋朝较早的有耆域，晋惠帝末年由天竺入中土是经扶南至交广（今越南、广州一带）。罽宾僧人昙摩耶舍于东晋隆安（397—401）中“达广州，往白沙寺”。法显则于东晋义熙七年（411）由师子国启程回国，原计划目的地是广州，后漂泊至青州长广郡，随船带回经像，并在由青州南下途中于彭城建龙华寺。天竺僧人佛陀（一作驮）跋陀罗则先由陆路度葱岭，路经六国至交趾，后附舶循海至青州东莱郡，与其同行者有西凉僧人智严。晋世高僧于法兰“远适西域，欲求异开，至交州遇疾，终于象林”[21]。

刘宋时期，昙无竭于宋永初元年（420）于南天竺随舶放海至广州。《高僧传》载宋太祖遣沙门道普“西行寻经，至长广郡舶破伤足，因疾而卒”。道普西行由青州长广郡出发，拟乘船循海路而行，因足伤而卒，可以看出道普的西行路线与法显东还的路线一致。元嘉元年（424），宋文帝迎请游历师子国、阇婆国的罽宾高僧求那跋摩，由广州上岸，跋摩于宝月殿北壁“手自画作罗云像，及定光儒童布发之形”[22]。罽宾僧人昙摩密多于元嘉十二年于建康“斩石刊木营建上寺……于是息心之众，万里来集”。天竺僧人由海路东来，并在建康或沿海地区建寺造佛已多见记载。

南朝时期由南海入中土的僧人还有中天竺人求那跋陀罗，经由师子国，于元嘉十二年（435）至广州。萧齐年间扶南国人僧伽婆罗随舶至都。梁际扶南国僧人曼陀罗远来贡献，由于其“未善梁言”，故所译经文隐晦难懂。梁陈之际天竺高僧真谛，游学至扶南，于大同十二年（546）抵达广州，太清二年（548）进入京邑。[23] 陈代，扶南国沙门须菩提，于扬州至敬寺为陈主译经。

据上所列，东晋、南朝时期僧人由沿海进出的地点约有如下几处，即青州、建康、广州、交趾，所列僧人中路线明确者取道青州三人，建康一人，广州四人，交趾二人。广州多为中转，最终目的地仍是建康，由海路附舶至建康的可能也为僧伽婆罗所证实。据《高僧传·佛驮跋陀罗》，跋陀罗在长安预言本乡有五舶俱发，后适江陵遇外国舶至，既而讯访，果是天竺五舶。东晋年间，天竺船舶就可由海路至长江经建康逆行至湖北江陵。法显东归至青州长广郡若为偶然，道普西行由长广郡泛舶，则证实此地有港存在。青州另一处出海港口在东莱郡，又为佛陀跋陀罗所证实，说明青州在南北朝时已有两处出海港。此外，也不能排除六朝后期由浙江沿海出入中土的可能。[24]

由海路往来僧人的国籍及途经国度可以看出，晋宋之际来华僧人多出自天竺，并多在师子国停留。齐、梁、陈三代，则多出自扶南国，这是否暗示5世纪末天竺对中土造像的影响逐渐为师子国和扶南所取代？

从史书记载看，晋宋年间中土造像多由师子国传入，齐梁年间转由扶南国传入。“师子国，天竺旁国也……晋义熙初，始遣献玉像，经十载乃至，像高四尺二寸……此像历晋、宋世在瓦官寺。”[25]元嘉五年（428），师子国国王刹利摩诃“托四道人遣二白衣送牙台像以为信誓”[26]。东晋法显持经像东还，其出发地也是在师子国。此后，有关南朝与南海诸国造像往来的记载则以扶南国为多。“齐建元（479—482）中番禺毗耶离精舍旧有扶南国石像，莫知其始，形甚巨异……后广州刺史刘悛表送入都，今应在故蒋州寺中。”[27]齐永明二年（484）扶南国“献金镂龙王坐像一躯，白檀像一躯，牙塔二躯”[28]。梁天监二年（503）扶南国“跋摩复遣使送珊瑚佛像……十八年，复遣使送天竺旃檀瑞像”[29]。“大同五年（539），复遣使献生犀，又言其国有佛发，长一丈二尺，诏遣沙门释云宝随使往迎之。”[30]大同三年（537）八月“高祖改造阿育王寺塔，出旧塔下舍利及佛爪发”[31]。大同五年即遣使者迎取扶南国敬献的佛发。典籍记载中，晋宋时期传至南朝的佛教造像多出自师子国，而在齐梁时期多由扶南国传入，这与来华僧人国籍的转变相一致。

相对于南线海路域外造像频繁地输入，同期北方由西域线与域外造像的交流极为鲜见，且僧人往返不走河西走廊，多由河南道西出。[32]

关于中南线佛教及造像输出国的变化，即由印度向师子国，进而向扶南的转移，是值得关注的。5 世纪末天竺僧人来华的减少，究其原因，当与印度佛教趋于衰落有关。有学者认为，佛教在公元 3 世纪的印度，已失去了自己的宗教精神，一味依赖于政府的庇护，维持众多的寺院已成为人民沉重的负担，并且佛教派别的增多使宗教变成了派别之争，而不是信仰。同时，佛教还吸收了印度教神祇，如湿婆和雪山女神等，当人们看到佛教和印度教已没有什么特殊区别时，为摆脱僧侣造成的经济重负，人们转而开始信仰印度教。印度教在印度的复兴发生在 5 世纪或更晚一些，这一过程约于公元 8 世纪完成。[33] 位于德干高原奥兰加巴德的阿旃陀石窟，其佛教造像在 6 世纪末衰落，造像中心为崇奉印度教和耆那教的埃罗拉石窟所取代。

佛教在印度趋于衰微之时，代之而起的是师子国佛教的兴盛。据南传佛教传说[34]，佛教在阿育王（前 268—前 232）后期，已遍及印度全境，影响西至地中海东部，北到克什米尔、白沙瓦，南到斯里兰卡进入东南亚，佛教由此分为南北两条传播路线，即以斯里兰卡为基地向东南亚传播的南传佛教，及以克什米尔、白沙瓦为中心，向大月氏、康居、大夏、安息和我国于阗、龟兹传播的北传路线。

佛教向南传播，以斯里兰卡最为发达，其与中南半岛和印度只一海之隔。4 世纪中期，在斯里兰卡大乘中观派与小乘大寺派、无畏山寺派形成三足并存的局面，此间斯里兰卡史籍中提到了第一尊大乘菩萨像的出现，斯里兰卡今存 4 世纪时期的作品风格近于印度笈多时期秣菟罗风格。5 世纪斯里兰卡已成为上座部的主要中心。[35] 法显于 410 年抵达师子国，提到这里的国王笃信佛法，佛教非常兴盛。与罽宾南北相望，师子国也是戒律外传的基地，其国律师僧伽跋尼于东晋在庐山传律，译有《弥沙塞律抄》一卷。并在 429 至 433 年，师子国分派两批尼众至宋都，为宋境尼众次第受戒。晋宋之际，师子国已成为南方佛教的重要圣地，并成为天竺佛教南传路线上的中转站。

扶南国早期无历史文献留存，对其文化的认识多由中国史料中获得。考古发现证明，扶南在公元3世纪由中南半岛最南端向西扩展它的统治，直至今日泰国的大部分地区，湄南河下游盆地即是扶南的文化中心，扶南文明从那里向四面扩散，这一状态持续到7世纪中叶扶南瓦解。佛教何时传入扶南已难考证，有学者认为，公元初年印度文明已开始越过孟加拉湾，传播到东南亚岛屿和大陆，5世纪，信奉佛教或印度教的“印度化”国家，已在东南亚许多地区建立起来。[36]

由于扶南位于印度与中国这两个最大亚洲佛教古国之间，其地位的重要性相当于我国西域的和阗与龟兹。[37]《晋书·四夷》载扶南国“食器多以银为之，贡赋以金银珠香”，“武帝泰始初，遣使贡献”。烧香亦是佛家礼仪，扶南国至迟3世纪中期就应有佛教信仰。向南朝贡献佛像在萧齐初年，说明扶南佛教及造像在5世纪末已相当发达。6世纪高棉国王律陀罗跋摩（514—539）的碑铭为“王归依佛法僧三宝，信仰笃深，离一切染污”，此王也曾派使向梁献佛学、舍利。

由柬埔寨现存6至7世纪前后的佛像（图5-16、图5-17），可以大致感受到扶南国当时佛像的风貌，佛衣通

图5-16 金边国立博物馆6至7世纪佛立像

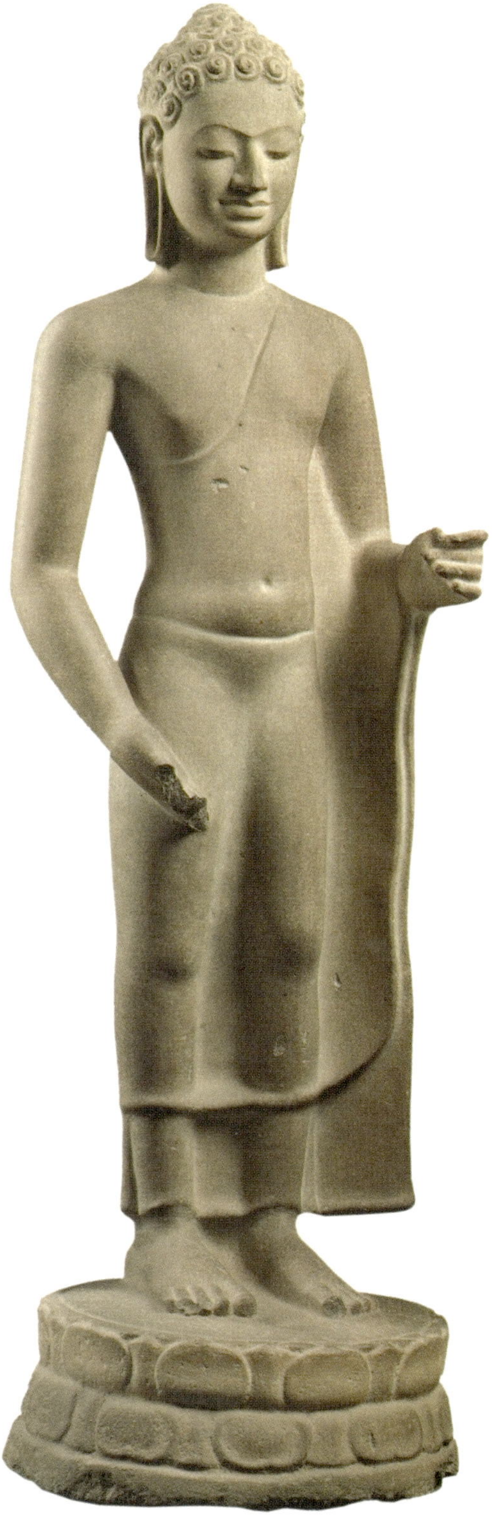

肩式和右袒式皆有表现，且佛像多作螺发。注重人体表现，几乎成为这里一以贯之的造像特征。这也与6世纪中期以南朝为代表的佛像风格样式的走向相合，特别是深受南朝佛教造像影响的青州地区，其北齐造像风格的形成，应与扶南有密切关联。5、6世纪，扶南已成为沟通印度、斯里兰卡和中国佛教文化的又一重要渠道。

东晋、南北朝时期，北方佛教中心由凉州转至魏都。5世纪中期，西域传入线受阻，同期南方造像鼎盛，印度、师子国、扶南，至广州、建康、青州的海路航线均已畅通，成为沟通中土与域外佛教往来的主要渠道，并且青州传入线产生的影响远不如建康大。这一格局的转变，成为5世纪末以后，北方佛教造像风格南式化的外在决定因素。

图5-17 金边国立博物馆6至7世纪佛立像

注释：

1. 俞伟超：《东汉佛教图像考》，《文物》1980年第5期。俞伟超、信立祥：《孔望山摩崖造像的年代考察》，《文物》1981年第7期。
2. 阮荣春：《佛教南传之路》，湖南美术出版社，2000，第24—25页。
3. 吴焯：《四川早期佛教遗物及其年代与传播途径的考察》，《文物》1992年第11期。
4. 中国社会科学院考古研究所等：《满城汉墓发掘报告》，文物出版社，1980，第100页。
5. 南京博物院等：《江苏盱眙县大云山西汉江都王陵一号墓》，《考古》2013年第10期。
6. 另如广西西林县普驮铜鼓墓出土的4件西汉初期铜坐像、甘肃灵台傅家沟西汉墓出土人物铜坐像、美国大都会博物馆藏一组四身西汉人物坐像、江苏邳州东汉恒帝元嘉元年（151）墓中鎏金铜造像、京都大学文学部博物馆藏人物铜坐像、安徽省博物馆藏人物铜坐像、美国圣弗朗西斯科亚洲美术馆藏人物铜坐像、日本天理参考馆藏人物铜坐像、比利时布鲁塞尔国立历史博物馆藏人物铜坐像等。
7. 曽布川宽：《六博の人物坐像銅鎮と博局文にっぃて》，《中国美術の図像と様式》，中央公論美術出版，2006，第208—220页。
8. 林巳奈夫：《漢代の文物》，京都大学人文科学研究所，1976。孙机：《汉镇艺术》，《文物》1983年第6期。傅举有：《论秦汉时期的博具、博戏兼及博局纹镜》，《考古学报》1986年第1期。
9. J. C. Huntington, "Origin of the Buddha Image, Early Image, Traditions and the Concept of Buddha darsanapunya" , A. K. Narian（ed）. , *Studies in Buddhist Art of South Asia,* 1985; S. L. Huntington, "Early Buddhist Art and the Theory of Aniconism", *Art Journal.* 49（1990）.
10. 汤用彤：《汉魏两晋南北朝佛教史》，北京大学出版社，1997，第3—12页。任继愈：《中国佛教史》第一卷，中国社会科学出版社，1985，第45—67页。
11. 李凇：《汉代艺术中的西王母——中国第一神像的产生与演变》，博士学位论文，南京艺术学院，1999。

12. 宿白：《凉州石窟遗迹与“凉州模式”》，《考古学报》1986年第4期。
13. 费泳：《南北朝时期佛教造像传播格局的转变》，《敦煌研究》2004年第2期。
14. 宿白：《平城实力的集聚和“云冈模式”的形成与发展》，《中国石窟·云冈石窟（一）》，文物出版社，1991。
15. 赵德林、李国利：《南昌火车站东晋墓葬群发掘简报》，《文物》2001年第2期。
16. 李昆声主编：《南诏大理国雕刻绘画艺术》图8，云南美术出版社，1999。
17. 嚈哒人，有称其为白匈奴、胡纳人，一般认为是和大月氏混血的匈奴人。
18. 羽溪了谛：《西域之佛教》，贺昌群译，商务印书馆，1999，第154页。
19. 唐长孺：《魏晋南北朝史论拾遗》，中华书局，1983。
20. 费泳：《佛衣样式中的“褒衣博带式”及其在南北方的演绎》，《故宫博物院院刊》2009年第2期。
21. 《高僧传·于法兰》，中华书局，1992。
22. 《高僧传·求那跋摩》，中华书局，1992。
23. 《续高僧传·拘那罗陀》，金陵刻经处刊印。
24. 阮荣春：《“早期佛教造像南传系统”研究概说》，《东南文化》1991年第C1期。
25. 《梁书·诸夷》，中华书局，1995。另见《高僧传·释慧力》：“又有师子国四尺二寸玉像，并皆在焉。昔师子国王闻晋孝武精于奉法，故遣沙门昙摩抑远献此佛。”中华书局，1992。二文中提到的应为同一尊像。
26. 《宋书·夷蛮》，中华书局，1995。
27. 《法苑珠林》卷十四《敬佛篇·感应缘》，江苏广陵古籍刻印社，1990。
28. 《南齐书·蛮·东南夷》，中华书局，1995。
29. 《梁书·诸夷》，中华书局，1995。
30. 《梁书·诸夷》，中华书局，1995。
31. 《梁书·诸夷》，中华书局，1995。
32. 唐长孺：《魏晋南北朝史论拾遗》，中华书局，1983。
33. 穆罕默德·瓦利乌拉·汗：《犍陀罗艺术》，陆水林译，商务印书馆，1997。

34.《善见律毗婆沙》，《大正藏》，No.1462。

35.渥德尔：《印度佛教史》，王世安译，商务印书馆，1987。

36.A.L.巴沙姆主编：《印度文化史》，闵光沛等译，商务印书馆，1997。

37.陈炎：《唐代以前中国和东南亚的海上交通——兼论中国丝绸从海路传入东南亚及其影响》，《东南亚史论文集》，河南人民出版社，1987。

第六章

古印度佛像衣着及相关问题的再认识

中国佛教虽来自古印度，但二者各自发展形成了印度佛教文化圈与汉传佛教文化圈，从以法显、玄奘、义净为代表的中国僧人西行求取经像，及来华传法者多为印度文化圈僧人来看，至少在汉唐时期，中国佛教造像已由初传至鼎盛，逐渐构建起独立的汉传佛教文化，但我们仍能看到中国佛教及艺术与印度的传承关系。

前文结合佛教律典及相关文献，对贵霜至波罗时期的佛像衣着的发展变化进行梳理，并论及其对中国佛像几次大规模传播格局转变所施与的直接或间接影响。从更广阔的范围来看，仍有一些深层问题需要解释，如古印度佛衣是否受到古希腊衣着的影响；"象鼻相"着衣与古印度沙门甚至与古希腊、古罗马的着衣方式是否存在关联；犍陀罗与秣菟罗早期佛衣样式的差异；犍陀罗地区以外的佛像是否表现僧祇支；"三衣""五衣"在古印度佛像中的应用是否存在区域差异；安陀会的披着方式在中国和古印度佛像中如何具体应用；袈裟衣角于左肩的后置或前置等。这些着衣外观上的变化，还应该有更深层的原因，包括对戒律的不同理解，气候变化对沙门衣着的现实影响等。实际上，这些问题已关系到对佛衣名称的界定。

第一节 古印度佛衣与古希腊服饰的关系问题

福歇和马歇尔均提及犍陀罗地区佛衣受到古希腊服饰影响的观点。[1] 由古希腊人的衣着来看，的确为尺寸不同的一块长方形大布，并可根据需要变换穿法。大致分为两类，一类贴体穿着称齐通，一类为外披大衣称西马匈。其中齐通披着后形似连衣裙，与佛衣无关联。西马匈则与佛教通肩式披着无甚区别，只是不需以左手握住两衣角。并且在布的尺寸上要大于三衣，

图6-1 印度哈拉帕文化出土祭司像

其长度是两手平伸后间距的 2 倍，宽度要长于披着者的身高。[2]

历史上公元前 4 世纪和前 2 世纪，希腊人两度占领犍陀罗[3]，由此带给该地艺术上的影响是显而易见的。问题是释迦去世时间较之入侵时间更早。以大布作为服装，究竟是古印度旧有，还是由希腊直接或间接传入，仍是需要研究的问题。

释迦诞生于迦毗罗卫，成道于菩提伽耶，初说法于鹿野苑，主要的传教中心祇园精舍、王舍城，涅槃地拘尸那迦，均位于恒河流域，靠近秣菟罗而远离犍陀罗。以大布作为服装，于释迦在世时的公元前6世纪已出现在秣菟罗地区。福歇和马歇尔在考察早期犍陀罗佛像衣着时，忽略了在希腊文明大规模影响犍陀罗以前，释迦牟尼已为沙门制定了着衣规制这一事实。古希腊文明对犍陀罗佛像的影响，不排除发生在部分佛像的着衣方式上，而更多地体现在雕塑风格方面。在着衣方式方面，佛像表现主要依照的是本土旧有的佛教规制，如裙、僧祇支及佛左手握衣角的应用等，均出自律典，却不见于希腊塑像。

另外，现藏卡拉奇国立博物馆的一尊祭司胸像（图 6-1），出自地处印度河流域的摩亨佐达罗。该像着装为右袒式，制造时间一般认为不晚于公元前 1750 年，属晚期哈拉帕文化[4]，哈拉帕文化是古印度早期文明之一。释迦为释门着衣所定右袒式，并非首创，当与先期文明有渊源关系。

第二节 关于安陀会披着方式的考证

安陀会是三衣之一，但是安陀会的披着，应有其特殊性，律典及相关文献对安陀会具体应该如何披着，也存在一些互相不能印证的解释，今斯里兰卡等国的南传佛教僧人则是将此衣当裙来穿着的。对安陀会披着方式的确定，实际已关系到对佛像服饰名称的界定[5]，所以有必要进一步明确安陀会可能存在的几种披着方式。问题的焦点实际是需要明确律典中安陀会是用于上身披着，还是下身披着，或者二者兼可。[6]

一、安陀会用作上身披着

安世高译《大比丘三千威仪》中的着衣次序，显示安陀会是穿于涅槃僧之后、僧祇支之外的，即安陀会并未被当作裙来使用。

《五分律》："若比丘得新衣，应先浣、舒张、度量，然后裁截。截已应缝，缝已应染，颠倒晒燥。染已敷地，若欲悬，上下安纽。[7]若僧伽梨，应如僧伽梨法畜。不得以裹诸物。优多罗僧、安陀会，诸受持衣亦皆如是。"可见安陀会也需安钩纽，而钩纽也是上身披着之衣所用之物。

道宣《释门归敬仪》："律中但有三衣通肩被服，如见长老乃偏袒之。"安陀会为三衣之一，需通肩或右袒披着，这两种披着方式均是针对上身着衣而言。文中道宣用了"但有"二字，是在强调沙门衣着中，只有三衣可通肩披，其他服饰均不能通肩披，这有助于认识沙门三衣以外服饰的披着方式。

道宣《律相感通传》："入林坐禅，且三衣右角皆在左肩。"衣之右角敷搭于左肩，此衣必为上身披着。

玄奘《大唐西域记》中有段描述北印度沙门服饰的记载，说沙门法服，唯有三衣、僧却崎、泥缚些(桑个反)那，即三衣、僧祇支和涅槃僧。若联系上引安世高《大比丘三千威仪》文来看，有涅槃僧穿着在先，安陀会应无下半身披着的可能。

义净《南海寄归内法传》中记载了南海诸国尼众所着一款僧祇支："僧脚崎，取一幅半，或绢或布，可长四肘五肘，如披五条反搭肩上。"其披着方式如披"五条"，"五条"即安陀会。义净文中明确指出安陀会是披于上身的。

拔合思巴集《根本说一切有部苾刍习学略法》："齐整着安陀会，不太高，不太下，衣角不象鼻……"象鼻相是因袈裟右衣角垂挂左臂、肘而起，故此处安陀会应是上衣披着。

安陀会虽有"下衣"之称，但不一定指下身着衣，是相对"上衣""中衣"，另有最里层之意。经典中安陀会也不只"下衣"一说，还有中着衣、下品衣、内衣等之说。律宗初祖道宣、十五祖元照及诸多在华律师大德有关三衣披着的著述，多未提及安陀会可用于下身披着。

二、安陀会用作下身披着

《根有部律》："佛言：僧伽胝（僧伽梨）有三，谓上、中、下。上者竖三肘、横五肘。下者竖二肘半、横四肘半。二内名中。若嗢呾罗僧伽及安呾婆娑亦有三种，谓上、中、下，量如僧伽胝说。……复有二种安呾婆娑，竖二、横五，竖二、横四。若极下安呾婆娑，但盖三轮，是持衣中最小。"在义净翻译的《根本说一切有部百一羯磨》[8] 中也有和该引文相同的记录。文中义净对"盖三轮"有注解，即"上但盖脐，下掩双膝"。

由根有部律藏对安陀会的表述来看，安陀会至少可分作两类，其中一类衣量尺寸与僧伽梨和郁多罗僧相同，布幅甚大，不太适宜用来作裙披着，应作上身披着；另一类即引文所谓"极下安呾婆娑"，律文明确强调这种安陀会仅适用于下身披着，其功能类似于裙。《根有部律》也是汉地现存律藏中唯一较明确表述安陀会存在两种披着方式的律藏。

南传律藏中，安陀会与涅槃僧似为同一概念，即均视为内衣。南传律藏第二册《齐整着涅槃僧戒》是这样表述的："我着内衣当覆全圆，应当学。应以内衣覆全圆，（即）覆脐圆、膝圆，不恭敬故，令前后垂下而着者，突吉罗。"

涅槃僧是裙当无疑，而这条有关涅槃僧的着衣戒条，内容表述的却是内衣，可见在南传佛教中，安陀会与涅槃僧应无区别。

如果南传律藏要求安陀会用作下身披着，那该律藏又是如何要求三衣披着？该律第二册《齐整着三衣戒》这样说："我披上衣当覆全圆，应当学。披上衣应覆全圆，使两方之边缘整齐。不恭敬故，令前后垂下而披上衣者，突吉罗。"袈裟又称为方服或方袍，文中"上衣"和"两方"应指上身披着的僧伽梨和郁多罗僧。

该戒条针对的是三衣披着方式，而实际只强调了两件上衣，作为三衣之一的安陀会的披着方式却是以着涅槃僧的方式得到表述。这虽容易引起概念上的混淆，却也表明了安陀会只能用于下身披着。这也是今南传佛教沙门将安陀会披敷下半身的依据所在。

三、对安陀会披着方式的再认识

通过以上对有关安陀会披着方式文献的引述和分析，可以看出，现存律藏对该衣披着方式的解读存在差异。

较早出现及在晋宋之际传入汉地的四部律藏，均未明确表述安陀会可用于下身披着，汉地律师大德的相关论述，明确倾向于安陀会与郁多罗僧和僧伽梨有着相同的披着方式，即通肩或右袒披着。汉地沙门较早用于下身披着的衣物多为涅槃僧和俱修罗。[9] 另据初唐时期玄奘和义净对印度等南海诸国的考察，同期印度等国沙门所着安陀会亦披于上身。

《根有部律》的表述体现出安陀会有两种，即分别可用作上身披着和下身披着。南传律藏则明确了安陀会只限于下身披着。此律藏未传入汉地。《根有部律》至初唐才有汉译，但该律自译出至近世都极少人闻问 [10]，所以汉地沙门多未采用安陀会下身披着的方式也在情理之中。

需要指出的是，安陀会用于下身披着虽未在汉地沙门中兴起，但仍不能排除汉地部分地区沙门对这一着衣方式的应用。宋代道诚在其《释氏要览》中，对“络子”的解读值得关注，摘文如下：“络子，或呼挂子，盖此先辈僧创之，后僧效之，又亡衣名，见挂络在身故，因之称也。今南方禅僧，一切作务皆服，以相不如法，诸律无名，几为讲流非之。予因读《根本百一羯磨》第十卷云：五条有三品，上者竖三肘，广五肘，下者减半，二内名中。又佛言：安陀会有二种，一者竖三肘，广五肘。二者竖二肘，横四肘。此谓守持衣。最后之量限，盖三轮（上盖脐下掩膝）。因详，颇是今络子之量也。若作之，但五幅，一长一短，或福或襟。[11] 呼安陀会，即免谤。一切处著。合律无过。”

由道诚的这则记载可以看出，被称为“络子”的僧衣，为先辈僧所创，其真名已佚，因其与汉地沙门衣法不符，律中又未有涉及，所以至道诚所在的北宋年间 [12]，络子已不在沙门正统法服之列。道诚由于看到义净译出的《根本说一切有部百一羯磨》中描述的一种下身披着的安陀会，与络子的衣量、形制和披着方式颇为相似，欲为络子正名为安陀会。

道诚的推定有其合理性，其观点是基于根有部衣法的文献支持。但在对汉地沙门衣着产生深刻影响的早期四部律藏中，络子及其形制和披着方式却是“诸律无名”。道诚文中所说“南方禅僧”，其具体地域不明，是否指长江流域、云南傣族、东南亚等地的僧人，不得而知。[13] 基本可以确定的是安陀会用于下身披着，即便在汉地部分区域出现，也不会成为汉地沙门的主流着衣方式。

基于上述对安陀会披着方式的认识，在考察不同区域佛像下身着衣的属性时，或不能一概而论，以实物显示来看，安陀会的穿法很可能在印度佛教文化圈内就已经有地域差别了，但界线在哪儿呢？萨特累季河、印度河？贵霜和案达罗王朝的疆界？又或印度与斯里兰卡之间？因交流和融合，这种界限在古印度是模糊的。可以明确的是，汉传佛教文化圈的佛像，其下身衣着应视为三衣之外的裙，受南传佛教影响的国家和地区的佛像，下身衣着应视为三衣之一的安陀会。这有助于考察和认识不同地区佛像内外层衣着的名称。

第三节 犍陀罗和秣菟罗早期佛衣的地区差异及相关问题

古印度以萨特累季河、印度河为界，东西两边较早的佛像，确实存在披着样式和着衣种类的差异，如西边犍陀罗地区为通肩式，为有僧祇支在内的“五衣”系统，东边秣菟罗地区为右袒式，为无僧祇支的“三衣”系统。两个系统虽然相互影响，但在佛衣披着样式层面，僧祇支始终未在印度东部佛像中得到应用。

许多学者认为，通肩式源自犍陀罗，右袒式源自秣菟罗，在2世纪前后发生改变，之后两地相互影响，这一观点尚无充分的理论依据，但现象确实存在。

依据律典来看，释迦在生前（公元前5、前6世纪）已为释门制定了这两种披着方式，即便犍陀罗和秣菟罗两地佛像最初存在佛衣样式的区别，那也只是对律典规定的不同选择。但为何在萨特累季河、印度河东西产生佛衣选择上的差异，仍是一个值得探究的问题。

斯里兰卡及东南亚等国佛教盛行南传律藏《铜鍱律》，该律虽未传入内地，但该律流行之地的佛像不能排除会流入内地，对这类佛像衣着名称的界定，是否能等同于受北传汉译四部律典影响下发展而来的佛衣体系，是存疑的。虽然南传律藏中有关沙门着衣的规制与北传汉译律藏的表述大体相似，但在一些关键环节上，还是有出入的，至少在对安陀会如何穿着的认识上存在不同。

印度佛教圈和汉传佛教圈，虽然发展体系有别，但二者仍有传承关系，特别是中国现存5世纪初以前的佛像，明显以承袭古印度佛像衣着样式为主。在这之后，虽然本土化的佛衣样式开始形成和涌现，但几乎每款本土化佛衣中都出现了僧祇支。

古印度，有僧祇支的“五衣”一脉，被中国吸收，并伴随中国汉式佛像造制的全过程。无僧祇支的“三衣”一脉，影响遍及东南亚，进而北上影响中国东部建康，以及青州等沿海地区佛像，但实际影响效果，更多地反映在薄衣贴体的风格上，而对于僧祇支，中国仍是一如既往恪守。

“五衣”一脉的犍陀罗佛像，其下身衣物应称裙（涅槃僧），上身服饰由里至外分别是僧祇支、安陀会、郁多罗僧和僧伽梨。“三衣”一脉的地区，佛下身衣物为安陀会，上身由里而外就应是郁多罗僧、僧伽梨。

那么在古印度，“五衣”和“三衣”系统的界线在哪儿呢？萨特累季河、印度河？贵霜和案达罗王朝的边界？印度和斯里兰卡之间？这个界线在古印度境内是模糊的，中印度地区的佛像在贵霜时期与犍陀罗有过交融，之后的佛衣多作通肩式，佛衣内层衣物多不显现，尚不能断定秣菟罗和萨尔那特佛像就一定不着僧祇支。但基本可确定的是，在斯里兰卡及东南亚等南传佛教国家及地区的佛像衣着种类为“三衣”系统。

佛教自阿育王后期，从古印度向外扩散，大致分作南北两条传播路线，北传一脉以克什米尔、白沙瓦为中心，经大月氏、康居、大夏、安息，至我国于阗、龟兹。南传一脉以斯里兰卡为基地，向东南亚传播。佛教南传，在斯里兰卡最为发达，这里自公元前 3 世纪中叶，已成为南传上座部的中心。此外，位于印度东南部的大众部案达罗派，对斯里兰卡影响也很大。[14]这是不是促使阿马拉瓦蒂、斯里兰卡及东南亚佛衣关系密切的深层原因？“南传巴利律藏，依部派的分立言，正是属于重律学派的上座部。上座部思想多遵旧闻，于律学尤甚，故完整保留原始佛教的戒律在制立与实行过程中之实况。”[15]至今在斯里兰卡、缅甸、泰国等国的比丘，被认为仍在忠实践行着 2500 多年前释迦制定的佛教僧伽的修行生活。

另有一个现象值得关注，僧祇支未出现在印度北部及中部恒河流域的佛像中，这里是释迦一生宣教活动的区域，其佛像衣着的外观，更接近于佛持三衣的初衷。释迦最初制定的着衣种类就只有三衣，之后的僧祇支、涅槃僧也只是听许僧尼置办的，并不包括释迦佛。贵霜秣菟罗较早出现的佛像多作右袒式，相较于犍陀罗早期的通肩式，从律典的角度看，也更能彰显对佛的“立敬之极”之意。再有，佛像作螺发、说法印也较早出现在秣菟罗和萨尔那特，螺发更趋同于“三十二相”“八十种好”等有关佛发的描述，萨尔那特又是佛最初的说法地。总体来看，中印度佛像的塑造，与释迦本人的行为和思想更为贴近。

第四节 关于“象鼻相”着衣问题

三衣披着时，将袈裟右上角垂挂在左臂，形似大象的鼻子，这在律典规制中被视为“象鼻相”着衣，属违规着衣方式。“象鼻相”着衣在古印度佛像表现中并不多见，似仅见于犍陀罗地区，却在中国佛像中出现得极为普遍，几乎在每一款国人自创的佛衣中都有表现。并且在古希腊、古罗马的雕塑中，也出现了类似的着衣方式。

图6-2 缘禾四年索阿后石塔七佛之一，着垂领式佛衣

《摩诃僧祇律》指出了多种释门所忌讳的披着方式："参差着内衣，百褶着内衣，石榴花着内衣，麦饭团着内衣，鱼尾着内衣，多罗树叶着内衣，象鼻着内衣。""百褶者：多作褶。石榴花者：一边花奄。麦饭团者：总头如麦饭团。鱼尾者：垂两角似鱼尾。多罗树叶者：垄起如多罗树叶。象鼻者：一角偏垂。如是过故，为世人所讥。"其中就有"象鼻相"着衣。

"象鼻相"着衣，不仅是佛教律典明确的违规着衣，中国律师大德对此亦十分警觉，多有呼吁，结果却仍在中国大行其道，最终还基于此创制出了最具中国特色的佛衣样式。[16]"象鼻相"着衣的实例：

垂领式，如美国克利夫兰艺术博物馆藏缘禾四年索阿后石塔七佛之一（图6-2），其袈裟右衣角覆左肩臂。

半披式，如炳灵寺169窟第22龛主尊、第9龛东向两立佛（图6-3），注意其右衣角，将左肩、臂一并覆盖并下垂的形态。

褒衣博带式，如四川万佛寺梁大同三年（537）侯朗造像（图6-4），注意图中袈裟右衣角敷搭左肘下垂；四川万佛寺5至6世纪佛坐像正、侧面（图6-5、图6-6），佛搭于左前臂的袈裟右衣角中，还表现了用于系吊衣角用的钩的形状；莫高窟第285窟北壁壁画坐佛（图6-7），注意图中左肘外侧阴影所示下垂的袈裟右上角形态；河北临漳邺城北吴庄出土北魏造像（图6-8），主尊坐佛（图6-9）右衣角敷搭左肘。

图6-3　炳灵寺169窟第9龛东向两立佛

图6-4 四川万佛寺梁大同三年佛像

图6-5 四川万佛寺5至6世纪佛坐像正面

图6-6 四川万佛寺5至6世纪佛坐像侧面

图6-7 莫高窟第285窟北壁壁画坐佛

图6-8 河北临漳邺城北吴庄出土北魏造像

图6-9 河北临漳邺城北吴庄出土北魏造像局部，主尊坐佛右衣角敷搭左肘

褒衣博带演化式，如成都万佛寺出土梁中大通元年（527）佛像正、侧面（图6-10、图6-11）；台湾震旦文教基金会藏山东北齐立佛正、背面（图6-12、图6-13）；西安市未央区出土北周立佛正、背面（图6-14）。

敷搭双肩下垂式，如台北震旦文教基金会藏北齐比丘正、背面像（图6-15），注意该比丘最外层右袒式披着的袈裟右衣角被搭于左肘并下垂。

图6-10 成都万佛寺出土梁中大通元年佛像正面，袈裟右上角将左肩臂一并覆盖

图6-11 成都万佛寺出土梁中大通元年佛像侧面，注意该佛垂挂于左肩臂外侧的袈裟右上角形态

图6-12 台湾震旦文教基金会藏山东北齐立佛正面，右衣角将左肩、臂一并覆盖并下垂

图6-13 台湾震旦文教基金会藏山东北齐立佛背面，右衣角将左肩、臂一并覆盖并下垂

图6-14 西安市未央区出土北周立佛正、背面

图6-15 台北震旦文教基金会藏北齐比丘像正、背面

在古希腊及古罗马的人物雕像中，也能见到身披一块大布，将衣角垂挂左臂的“象鼻相”着衣方式，如帕特农神庙浮雕饰带中的人物形象（图6-16），可以看到人物左臂肘外侧的垂衣形态，与佛像中的“象鼻相”类同。德累斯顿国家艺术馆收藏古罗马雕像正、侧面（图6-17、图6-18），该像左肘外侧垂衣角如同佛像中的“象鼻相”。

“象鼻相”着衣在不同地区的生成土壤应不尽相同，在最初，佛祖释迦也是考虑到僧俗着衣方式上的区别，将袈裟右上角设计成垂挂于左臂，后因种种原因，释迦最终还是改回了将袈裟右上角搭于左肩。其间出现的“象鼻相”问题，也仅仅是单纯的着衣方式的选择问题，这一点与古希腊、古罗马着衣将衣角或垂于左肩，或垂于左臂有相似性（图6-19、图6-20、图6-21）。

在中国佛像及沙门着衣领域发生的“象鼻相”问题，就不仅仅是着衣样式的选择问题，还涉及更深层的袈裟面料的选择问题，是由丝织品融入并渐趋成为主要的袈裟面料而引发的。天竺沙门所着袈裟的面料，从实际应用的层面来看，主要是布，随着丝织品融入袈裟面料，沙门违规着衣趋多，由于丝绸面料在肩部容易滑堕，遂导致“象鼻相”着衣现象的发生。

“象鼻相”着衣在古希腊、古罗马、古印度、中国造像中的出现，在考虑其样式相似性的同时，还要兼顾其不同的生成土壤。

图6-16 帕特农神庙浮雕饰带中的人物形象

图6-17 德累斯顿国家艺术馆收藏古罗马雕像正面

图6-18 德累斯顿国家艺术馆收藏古罗马雕像侧面

图6-19 古希腊帕特农神庙浮雕，图中右袒披衣者，将衣角搭于左肩

图6-20 德累斯顿国家艺术馆收藏古罗马雕像正面，图中右袒披衣者，将衣角搭于左肩

图6-21 德累斯顿国家艺术馆收藏古罗马雕像背面，图中右袒披衣者，将衣角搭于左肩

第五节 关于“唐三藏来传搭肩法”

如何处理袈裟的右上衣角，可以明确的有以下几种：

一种是袈裟右上角被严格控制搭于左肩，这是符合佛教律典规制要求的穿法，即道宣《律相感通传》“余见古之瑞像今此方见制者，莫不以衣搭于左肩”，这已为现存实物所验证。

一种就是“象鼻相”，此为律典所禁忌，却在中国南北朝时期的佛教造像中大量出现。

再有一种就是义净在其《南海寄归内法传》中讲到的，唐玄奘西行传来的一种新的搭肩法，即所谓“唐三藏来传搭肩法”，其具体搭肩方式或不易再现，但仍值得推敲。可以明确的是，这一方法也是将右衣角搭于左肩，且与旧有方法不尽相同，没有“象鼻相”特征，因其“搭肩法”针对的就是旧有搭肩法的没落和“象鼻相”的流行。今查看东南亚南传佛教沙门处理袈裟右衣角的方式，也是将右衣角搭于左肩（图6-22），具体搭法却又与中国古代佛像的搭法不同，这是将袈裟右缘卷成柱状后，再搭于左肩，右衣角从左肩背后绕过左腋，夹于腋下或握于左手中，这一搭肩法对认识“唐三藏来传搭肩法”或可提供一个新的视角。

如何安置和处理袈裟的衣角，一直困扰着佛祖和弟子们，也就有了前文讲到的诸如：释迦“凡经四制”、“象鼻相”着衣、三衣饰钩纽、袈裟右上角搭于左肩后、袈裟左上角搭于左胸前、左肩镇压一束布状物、僧伽梨覆左半身等一系列着衣现象的发生。其中许多做法并不有违律典，如三衣饰钩纽、袈裟右上角搭于左肩后、袈裟左上角搭于左胸前、僧伽梨覆左半身，反映的是僧人对律典规制的不同理解。但另一些，如“象鼻相”着衣、左肩镇压一束布状物，应是违规着衣，但相关记载显示了这些着衣方式的产生也有其必然性。

佛衣衣角的多种表现形式，为考察佛像的样式演变、传承，提供了更多的依据。

佛衣样式及种类如何呈现，实际与律典规制、气候、民俗

图6-22 泰国僧人

关系密切，例如僧祇支在犍陀罗佛像中的应用，犍陀罗和秣菟罗早期佛衣样式的差异，右袒式佛衣在中国的不流行，三国时期中国沙门发明偏衫遮掩袒露的右臂，裤、袍、襦在中国沙门服饰中的出现等，均是具体表现。很难想象中国沙门仅凭三层袈裟即三块未经缝制的大布，就能抵御寒冬和遮蔽身体隐私。因此，一系列围绕律典和佛像的变革都有其合理性，重要的是发现其潜在原因。

注释：

1. 阿·福歇：《佛教艺术的早期阶段》，王平先、魏文捷译，甘肃人民出版社，2008。约翰·马歇尔：《犍陀罗佛教艺术》，新疆美术摄影出版社，1999。
2. 丹纳对古希腊人的服饰概述道：“古希腊的男人只需要一件没有袖子的背心，妇女只要一件没有袖子的长到脚背的单衫，从肩膀到腰部是双层的：这是服装的主要部分；此外身上再裹一大块方形的布，女人出门戴一块面纱，穿一双便鞋；苏格拉底只有赴宴会才穿鞋子；平时大家都赤着脚光着头出去。所有这些衣服一举手就可脱掉，绝对不裹紧在身上，但是能刻画出大概的轮廓；在衣服飘动的时候或者接缝中间，随时会暴露肉体。”参见丹纳《艺术哲学》，傅雷译，人民文学出版社，1983，第277页。丹纳文中提到的古希腊妇女所着单衫应该就是“西马甸”，所谓外披方形布就是“齐通”。另参见李当岐《西洋服装史》，高等教育出版社，1995。华梅：《西方服装史》，中国纺织出版社，2003。
3. A.L.巴沙姆主编：《印度文化史》，闵光沛等译，商务印书馆，1997。
4. 罗伊·C.克雷文：《印度艺术简史》，王镛等译，中国人民大学出版社，2004。
5. “所谓三衣：是指僧伽梨（大衣），郁多罗僧（上衣），安陀会（内衣）三件，各衣服所使用的场合不同，然都叫上衣……下衣是包括腰以下的泥洹僧，即裙。”参见高田修《佛像的起源》，高桥宣治、杨美莉译，华宇出版社，1985，第340页。“泥缚些那是卷到腰间的下衣，而如前所述安陀会也是会卷到腰间的下衣，那么两者到底是完全不同的衣服，还是只是名称不一样而已呢。关于这一点一直众说纷纭难以准确下结论。在中国和日本，五条袈裟上有钩带，甚至还有被当作上衣来穿的情况。”参见吉村怜《中国古代仏像の着衣の基本形式：袈裟·裙·僧祇支·偏袒について》，《佛教藝術》329号（2013年）。
6. 中国、朝鲜半岛及日本等受北传佛教影响的沙门，由于受到当地气候、风俗等因素的影响，很早以前就不披着三衣了，中国现代沙门平时所着为有领有袖的称作“海青”的僧袍，只是在礼佛、诵经等正式场合时，才于该衣外加披一层袈裟。

7. 袈裟钩纽除可安于上缘处，还可以在袈裟的下缘处再安一副，这也是释迦考察到沙门出入村落，行路艰难，袈裟下部易损坏。采用此法，袈裟亦可倒穿。这种做法未在佛像中反映。参见义净《南海寄归内法传》、道诚《释氏要览》。
8. 义净译《根本说一切有部百一羯磨》（十卷），揭示了根有部僧尼受戒、说戒、忏悔等诸多法则。
9. 俱修罗，亦为裙，从其衣形而立名，是涅槃僧破损后经改造而成。涅槃僧展开后为一长方形大布，俱修罗则须将布的两个短边缝合，外形呈圆筒状。
10. 劳政武：《佛教戒律学》，宗教文化出版社，1999，第67、68页。
11. 袈裟本需割截，布与布叠加处称叶，若财少难办时，允许不割截，可折叠作叶称福叶或福。亦可以外叶贴于不割截、无田相的漫衣上，称为楪叶或楪。参见道宣集《昙无德部四分律删补随机羯磨·受安陀会法》。
12. 道诚《释氏要览》约成书于北宋天禧三年（1019），参见中国佛教协会编《中国佛教：第四辑》，东方出版中心，1989，第109、110页。
13. 我国云南傣族信奉南传佛教已有1300多年历史。参见净海《南传佛教史》，宗教文化出版社，2002，第1、2页。
14. 任继愈、杜继文：《佛教史》，中国社会科学出版社，1991，第45—54页。
15. 印顺：《巴利律藏导读》，《汉译南传大藏经》，元亨寺，1990，第3—8页。
16. 费泳：《佛像袈裟的披着方式与“象鼻相”问题》，《敦煌研究》2008年第2期。

结 语

释迦牟尼在佛教的发展过程中，为释门弟子制定了戒律，其中包括着衣法式，这在佛像的衣着表现上得到反映。原本考察佛衣样式，应只要对照佛教相关律典就可以进行，但实际情况要复杂得多，仅现存有关佛教衣着的律典至少就有五个版本，在一些关键问题的阐述上还不尽相同。并且佛门弟子们对衣法的践行，在不同地域也存在差异，例如释迦最初制定佛门弟子只着“三衣”，由于释迦一生的传教多活动于热带恒河流域，做出这样的规定也是合理的，但对于纬度较高的犍陀罗地区，冬季寒冷，三层袈裟是不能御寒的，遂有了被称作“立播”的右袒式棉衣的产生，这是地理问题。此外，还因为男女有别的生理问题，产生了不同形制的僧祇支。再有文化习俗的差异问题，就有了“偏衫”的出现。正因为有诸多问题的存在，为律典的制定和执行都带来困扰，所以在律典中可以看到释迦遇到新问题时对旧规的修正，导致规制前后内容不统一。唐代义净西行实地考察后撰写的《南海寄归内法传》，反映出国人在领悟和执行佛教经义方面出现了许多偏差，有些错误积重难返，始终无法改变。

鉴于佛衣样式诸多复杂因素的存在，今天我们在认识汉传佛教文化圈的佛像风格时，更需兼顾印度佛教文化圈的状况，以明晰源和流的关系。

古印度不同区域的佛像，究竟哪一脉对中国佛像的影响更大？通过对印度佛像服饰的分析，可以看出，这种影响可能是相互交织的，加之国人对外来佛像的改造，发生在印度的佛像地区差异已不明显，但仍有脉可寻，大体反映为：汉至西晋时期的佛像，衣襞集于左肩、饰小髭、作波浪形发式、佛坐于树下等造像因素，均应源出贵霜犍陀罗。但这一时期的佛像，仍不乏对称弧形衣纹，眼眶较大的贵霜秣菟罗风格。二者究竟谁在佛像传至中国的过程中占据主导位置，是很难确定的。在迦腻色伽及其继任者统治时期，犍陀罗和秣菟罗两种风格趋于融合，如在迦腻色伽舍利函及迦腻色伽金币上即有所体现，这模糊了源点的清晰性，所以，不同样式造像因素的交融糅合，或正是这一时期佛像的特色。

以现存实物资料来看，十六国、南北朝的佛像中，凡不是通肩式披着的佛像，多表现有僧祇支，这显然受到来自犍陀罗的影响。地理条件显示，中国大多数地区冬季寒冷，这一点有别于纬度较低的中印度地区，而更趋同于纬度较高的犍陀罗地区，所以中国多数地区的佛像表现吸收了包括僧祇支在内的“五衣”体制，也是合乎情理的。从另一个角度来看，国人不愿裸露肉体的文化习俗，应对佛像衣着的选择起到一定作用，僧祇支是裹胸衣，以其表现佛像，也会显得更加庄重。

不能忽略“三衣”系对中国东南沿海地区的影响，即便是南北朝佛着“五衣”盛行，但仍不能排除中印度、师子国、扶南等地区将“三衣”系的佛像经由海路输入广州、建康、青州等地，如成都出现的阿育王造像、青州出现的右袒式佛像。而且中国云南等地流行南传小乘佛教，其佛衣种类也应属“三衣”范畴。

印度佛衣自身就存在不同的体系，这种体系会随政治格局而改变，加之中国也在进行着本土化变革，所以，印度对中国佛像的影响不是一成不变的。佛像服饰是佛教造像风格中的主体因素，其在印度、中国及海东地区发展呈现的不同面貌，实际折射出佛教文明在中印两大文化圈的传承方式和生存形态。

图片来源

图Ⅰ Michael Ackerman, Alexis Schwarzenbach, Christian Caujolle: *End Time City*, Scalo Publishers, 1999

图Ⅱ 栗田功：《ガンダーラ美術Ⅰ》，二玄社，1988

图Ⅲ 荣新江：《中国多元文化的发展与中印之间的丝绸之路（四〇〇年～七〇〇年）》，《紫禁城》2016年第10期

图Ⅳ 荣新江：《中国多元文化的发展与中印之间的丝绸之路（四〇〇年～七〇〇年）》，《紫禁城》2016年第10期

图1-1 吉村怜：《中国古代仏像の着衣の基本形式：袈裟・裙・僧祇支・偏袒について》，《佛教藝術》329号，2013

图1-2 吉村怜：《中国古代仏像の着衣の基本形式：袈裟・裙・僧祇支・偏袒について》，《佛教藝術》329号，2013

图1-3 吉村怜：《中国古代仏像の着衣の基本形式：袈裟・裙・僧祇支・偏袒について》，《佛教藝術》329号，2013

图1-4 罗伊・C. 克雷文：《印度艺术简史》，王镛、方广羊、陈聿东译，中国人民大学出版社，2004

图1-5 《世界美術大全集・東洋編13》，小学館，2000

图1-6 《中国石窟雕塑全集2》，重庆出版社，2000

图1-7 《中国敦煌壁画全集1》，辽宁美术出版社、天津人民美术出版社，2006

图1-8 费泳绘

图2-1 王镛：《印度美术》，中国人民大学出版社，2004

图2-2 穆罕默德・瓦利乌拉・汗：《犍陀罗》，陆水林译，五洲传播出版社，2009

图2-3 《コルカタ・インド博物館所蔵 インドの仏 仏教美術の源流》，

日本経済新聞社，2015

图2-4 林保尧编著：《佛教美术讲座》，艺术家出版社，1997

图2-5 王镛：《印度美术》，中国人民大学出版社，2004

图2-6 《コルカタ・インド博物館所蔵 インドの仏 仏教美術の源流》，日本経済新聞社，2015

图2-7 穆罕默德・瓦利乌拉・汗：《犍陀罗》，陆水林译，五洲传播出版社，2009

图2-8 《シルクロード・仏教美術伝来の道》，なら・シルクロード博協会，1988

图2-9 《パキスタン・ガンダーラ彫刻展》，NHK、NHKプロモーション，2002

图2-10 穆罕默德・瓦利乌拉・汗：《犍陀罗》，陆水林译，五洲传播出版社，2009

图2-11 *Pakistan: Les arts du Gandhara*, RMN，2010

图2-12 罗伊・C. 克雷文：《印度艺术简史》，王镛、方广羊、陈聿东译，中国人民大学出版社，2004

图2-13 罗伊・C. 克雷文：《印度艺术简史》，王镛、方广羊、陈聿东译，中国人民大学出版社，2004

图2-14 《パキスタン・ガンダーラ彫刻展》，NHK、NHKプロモーション，2002

图2-15 栗田功：《愛しき仏像：ガンダーラ美術の名品》，二玄社，2008

图2-16 栗田功：《愛しき仏像：ガンダーラ美術の名品》，二玄社，2008

图2-17 *Pakistan: Les arts du Gandhara*, RMN，2010

图2-18 《世界美術大全集・東洋編3》，小学館，2000

图2-19 费泳摄

图2-20 H. 因伐尔特：《犍陀罗艺术》，李铁译，上海人民美术出版社，1991

图2-21 *Pakistan: Les arts du Gandhara*, RMN，2010

图2-22《パキスタン・ガンダーラ彫刻展》，NHK、NHKプロモーション，2002

图2-23 宫治昭：《涅槃和弥勒的图像学》，李萍、张清涛译，文物出版社，2009

图2-24《コルカタ・インド博物館所蔵 インドの仏 仏教美術の源流》，日本経済新聞社，2015

图2-25 栗田功：《愛しき仏像：ガンダーラ美術の名品》，二玄社，2008

图2-26 Delia Pemberton: *The British Museum*: *Buddha*, Art Media Resources Ltd, 2002

图2-27 宫治昭：《涅槃和弥勒的图像学》，李萍、张清涛译，文物出版社，2009

图2-28《佛像的故乡：犍陀罗佛教艺术》，文物出版社，2017

图2-29 宫治昭：《涅槃和弥勒的图像学》，李萍、张清涛译，文物出版社，2009

图2-30 玛瑞里娅・阿巴尼斯：《古印度：从起源至公元13世纪》，刘青、张洁、陈西帆、曹磊、易丙兰译，中国水利水电出版社，2006

图2-31 村田靖子：《佛像的系谱：从犍陀罗到日本——相貌表现与华丽的悬裳座的历史》，金申译，上海辞书出版社，2002

图2-32 *Pakistan: Les arts du Gandhara*, RMN，2010

图2-33 吉村怜：《中国古代仏像の着衣の基本形式：袈裟・裙・僧祇

支・偏袒について》，《佛教藝術》329号，2013

图2-34 李治国主编：《云冈》，文物出版社，2000

图2-35 李玉珉：《佛陀形影》，台北故宫博物院，2011

图2-36 宫治昭：《涅槃和弥勒的图像学》，李萍、张清涛译，文物出版社，2009

图2-37《佛像的故乡：犍陀罗佛教艺术》，文物出版社，2017

图2-38 栗田功：《愛しき仏像：ガンダーラ美術の名品》，二玄社，2008

图2-39《大英博物館所蔵 インドの仏像とヒンドゥーの神々》，朝日新聞社，1994

图2-40《パキスタン・ガンダーラ彫刻展》，NHK、NHKプロモーション，2002

图2-41 Robert Knox: *Amaravati: Buddhist Sculpture from the Great Stupa*, Dover Pubns, 1992

图2-42 *Srilanka Sculpture Buddha*, Central Cultural Fund, Ministry of Cultural Affairs, 2007

图2-43《金铜佛造像特展图录》，台北故宫博物院，1987

图2-44 阿尔伯特・冯・勒柯克、恩斯特・瓦尔德施密特：《新疆佛教艺术（上）》，管平、巫新华译，新疆教育出版社，2006

图2-45《山东青州龙兴寺出土佛教石刻造像精品》，中国历史博物馆，1999

图2-46 栗田功：《愛しき仏像：ガンダーラ美術の名品》，二玄社，2008

图2-47 村田靖子：《佛像的系谱：从犍陀罗到日本——相貌表现与华丽的悬裳座的历史》，金申译，上海辞书出版社，2002

图2-48《シルクロード・仏教美術伝来の道》，なら・シルクロード博協会，1988

图2-49 栗田功：《愛しき仏像：ガンダーラ美術の名品》，二玄社，2008

图2-50 林保尧编著：《佛像大观》，艺术家出版社，1997

图2-51 H. 因伐尔特：《犍陀罗艺术》，李铁译，上海人民美术出版社，1991

图2-52 林保尧编著：《佛像大观》，艺术家出版社，1997

图2-53 村田靖子：《佛像的系谱：从犍陀罗到日本——相貌表现与华丽的悬裳座的历史》，金申译，上海辞书出版社，2002

图2-54 林保尧编著：《佛像大观》，艺术家出版社，1997

图2-55《大英博物館所蔵 インドの仏像とヒンドゥーの神々》，朝日新聞社，1994

图2-56 费泳绘

图2-57《パキスタン・ガンダーラ彫刻展》，NHK、NHKプロモーション，2002

图2-58 穆罕默德·瓦利乌拉·汗：《犍陀罗》，陆水林译，五洲传播出版社，2009

图2-59 栗田功：《愛しき仏像：ガンダーラ美術の名品》，二玄社，2008

图2-60《佛像的故乡：犍陀罗佛教艺术》，文物出版社，2017

图2-61 *Pakistan: Les arts du Gandhara*, RMN, 2010

图2-62 宫治昭：《涅槃和弥勒的图像学》，李萍、张清涛译，文物出版社，2009

图2-63 Delia Pemberton: *The British Museum*: *Buddha*, Art Media Resources Ltd, 2002

图2-64 约翰·马歇尔：《犍陀罗佛教艺术》，许建英译，新疆美术摄影出版社，1999

图2-65 约翰·马歇尔：《犍陀罗佛教艺术》，许建英译，新疆美术摄影出版社，新疆美术摄影出版社，1999

图2-66《佛像的故乡：犍陀罗佛教艺术》，文物出版社，2017

图2-67 赵声良：《敦煌石窟早期佛像样式及源流》，《敦煌学》第二十七辑，2008

图2-68 金申编著：《海外及港台藏历代佛像——珍品纪年图鉴》，山西人民出版社，2007

图2-69《インド・マトゥラー彫刻展》，NHK、NHKプロモーション，2002

图2-70 村田靖子：《佛像的系谱：从犍陀罗到日本——相貌表现与华丽的悬裳座的历史》，金申译，上海辞书出版社，2002

图2-71《世界美術大全集·東洋編13》，小学館，2000

图2-72 Usha Rani Tiwari: *Sculptures Of Mathura And Sarnath: A Comparative Study*, Sundeep Prakashan, 1998

图2-73《世界美術大全集·東洋編13》，小学館，2000

图2-74《世界美術大全集·東洋編13》，小学館，2000

图2-75《コルカタ・インド博物館所蔵 インドの仏 仏教美術の源流》，日本経済新聞社，2015

图2-76《インド・マトゥラー彫刻展》，NHK、NHKプロモーション，2002

图2-77 金申：《佛像鉴定与收藏》，艺术家出版社，1998

图2-78《インド・マトゥラー彫刻展》，NHK、NHKプロモーション，2002

图2-79《特別展·菩薩》，奈良国立博物馆，1987

图2-80《世界美術大全集·東洋編13》，小学館，2000

图2-81 穆罕默德·瓦利乌拉·汗：《犍陀罗》，陆水林译，五洲传播出

版社，2009

图2-82 《パキスタン・ガンダーラ彫刻展》，NHK、NHKプロモーション，2002

图2-83 《パキスタン・ガンダーラ彫刻展》，NHK、NHKプロモーション，2002

图2-84 《インド・マトゥラー彫刻展》，NHK、NHKプロモーション，2002

图2-85 《世界美術大全集・東洋編13》，小学館，2000

图2-86 Robert Knox: *Amaravati: Buddhist Sculpture from the Great Stupa*, Dover Pubns, 1992

图2-87 Robert Knox: *Amaravati: Buddhist Sculpture from the Great Stupa*, Dover Pubns, 1992

图2-88 Robert Knox: *Amaravati: Buddhist Sculpture from the Great Stupa*, Dover Pubns, 1992

图2-89 Robert Knox: *Amaravati: Buddhist Sculpture from the Great Stupa*, Dover Pubns, 1992

图2-90 Robert Knox: *Amaravati: Buddhist Sculpture from the Great Stupa*, Dover Pubns, 1992

图2-91 Robert Knox: *Amaravati: Buddhist Sculpture from the Great Stupa*, Dover Pubns, 1992

图2-92 Robert Knox: *Amaravati: Buddhist Sculpture from the Great Stupa*, Dover Pubns, 1992

图2-93 《シルクロード・仏教美術伝来の道》，なら・シルクロード博協会，1988

图2-94 《シルクロード・仏教美術伝来の道》，なら・シルクロード博協会，1988

图2-95 《世界美術大全集·東洋編13》，小学館，2000

图2-96 王镛：《印度美术》，中国人民大学出版社，2004

图2-97 李玉珉：《佛陀形影》，台北故宫博物院，2011

图2-98 《古代印度瑰宝》，北京美术摄影出版社，2007

图2-99 *Srilanka Sculpture Buddha*, Central Cultural Fund, Ministry of Cultural Affairs, 2007

图2-100 李玉珉：《佛陀形影》，台北故宫博物院，2011

图2-101 费泳绘

图2-102 金申编著：《海外及港台藏历代佛像——珍品纪年图鉴》，山西人民出版社，2007

图2-103 金申编著：《海外及港台藏历代佛像——珍品纪年图鉴》，山西人民出版社，2007

图2-104 金申编著：《海外及港台藏历代佛像——珍品纪年图鉴》，山西人民出版社，2007

图2-105 松原三郎：《中国仏教彫刻史研究》，吉川弘文館，1961

图2-106 金申编著：《海外及港台藏历代佛像——珍品纪年图鉴》，山西人民出版社，2007

图2-107 金申编著：《海外及港台藏历代佛像——珍品纪年图鉴》，山西人民出版社，2007

图2-108 松原三郎：《中国仏教彫刻史研究》，吉川弘文館，1961

图2-109 松原三郎：《中国仏教彫刻史研究》，吉川弘文館，1961

图2-110 金申编著：《海外及港台藏历代佛像——珍品纪年图鉴》，山西人民出版社，2007

图2-111 林保尧编著：《佛像大观》，艺术家出版社，1997

图2-112 金申编著：《海外及港台藏历代佛像——珍品纪年图鉴》，山西人民出版社，2007

图2-113 费泳摄

图2-114 费泳摄

图2-115 *The Golden Age of Classical India: The Gupta Empire*, RMN, 2007

图2-116 费泳绘

图2-117 费泳绘

图2-118 《パキスタン・ガンダーラ彫刻展》，NHK、NHKプロモーション，2002

图2-119 《コルカタ・インド博物館所蔵 インドの仏 仏教美術の源流》，日本経済新聞社，2015

图2-120 费泳绘

图2-121 金申编著：《海外及港台藏历代佛像——珍品纪年图鉴》，山西人民出版社，2007

图2-122 金申编著：《海外及港台藏历代佛像——珍品纪年图鉴》，山西人民出版社，2007

图2-123 冯贺军：《曲阳白石造像研究》，紫禁城出版社，2005

图2-124 费泳绘

图2-125 费泳绘

图2-126 吉村怜：《中国古代仏像の着衣の基本形式：袈裟・裙・僧祇支・偏袒について》，《佛教藝術》329号，2013

图2-127 吉村怜：《古代仏像の着衣形式と名称》，《國華》1332号，2006

图2-128 吉村怜：《古代仏像の着衣形式と名称》，《國華》1332号，2006

图2-129 费泳绘

图3-1 《世界美術大全集・東洋編13》，小学館，2000

图3-2 金申：《佛像鉴定与收藏》，艺术家出版社，1998

图3-3 《シルクロード・仏教美術伝来の道》，なら・シルクロード博協会，1988

图3-4 《山东青州龙兴寺出土佛教石刻造像精品》，中国历史博物馆，1999

图3-5 阿尔伯特・冯・勒柯克、恩斯特・瓦尔德施密特：《新疆佛教艺术（上）》，管平、巫新华译，新疆教育出版社，2006

图3-6 *The Golden Age of Classical India: The Gupta Empire*, RMN, 2007

图3-7 *The Golden Age of Classical India: The Gupta Empire*, RMN, 2007

图3-8 *The Golden Age of Classical India: The Gupta Empire*, RMN, 2007

图3-9 *The Golden Age of Classical India: The Gupta Empire*, RMN, 2007

图3-10 *The Golden Age of Classical India: The Gupta Empire*, RMN, 2007

图3-11 王镛：《印度美术》，中国人民大学出版社，2004

图3-12 *The Golden Age of Classical India: The Gupta Empire*, RMN, 2007

图3-13 *The Golden Age of Classical India: The Gupta Empire*, RMN, 2007

图3-14 《インド・マトゥラー彫刻展》，NHK、NHKプロモーション，2002

图3-15 金申：《佛像鉴定与收藏》，艺术家出版社，1998

图3-16 Usha Rani Tiwari: *Sculptures of Mathura and Sarnath: A Comparative Study*, Sundeep Prakashan, 1998

图3-17 《世界美術大全集・東洋編13》，小学館，2000

图3-18 《インド・マトゥラー彫刻展》，NHK、NHKプロモーション，2002

图3-19 《インド・マトゥラー彫刻展》，NHK、NHKプロモーション，2002

图3-20 王镛：《印度美术》，中国人民大学出版社，2004

图3-21 *The Golden Age of Classical India: The Gupta Empire*, RMN, 2007

图3-22 Usha Rani Tiwari: *Sculptures of Mathura and Sarnath: A Comparative Study*, Sundeep Prakashan, 1998

图3-23 张理婧摄

图3-24 《インド・マトゥラー彫刻展》，NHK、NHKプロモーション，2002

图3-25 《世界美術大全集・東洋編13》，小学館，2000

图3-26 《コルカタ・インド博物館所蔵 インドの仏 仏教美術の源流》，日本経済新聞社，2015

图3-27 张理婧摄

图3-28 《古代印度瑰宝》，北京美术摄影出版社，2007

图3-29 John Guy, *Lost Kingdoms*, The Metropolitan Museum of Art, 2014

图3-30 *The Golden Age of Classical India: The Gupta Empire*, RMN, 2007

图3-31 《大英博物館所蔵 インドの仏像とヒンドゥーの神々》，朝日新聞社，1994

图3-32 王镛：《印度美术》，中国人民大学出版社，2004

图3-33 张理婧摄

图3-34 Usha Rani Tiwari: *Sculptures of Mathura and Sarnath: A Comparative Study*, Sundeep Prakashan, 1998

图3-35 《世界美術大全集・東洋編13》，小学館，2000

图3-36 Usha Rani Tiwari: *Sculptures of Mathura and Sarnath: A Comparative Study*, Sundeep Prakashan, 1998

图3-37 *The Golden Age of Classical India: The Gupta Empire*, RMN, 2007

图3-38 Usha Rani Tiwari: *Sculptures of Mathura and Sarnath: A Comparative Study*, Sundeep Prakashan, 1998

图3-39 *The Golden Age of Classical India: The Gupta Empire*, RMN, 2007

图3-40 《世界美術大全集·東洋編13》，小学館，2000

图3-41 *The Golden Age of Classical India: The Gupta Empire*, RMN, 2007

图3-42 *Buddha: 2000 Years of Buddhist Art - 232 Masterpieces*, Wienand Verlag, 2016

图3-43 https://www.metmuseum.org/

图3-44 http://www.vcg.com/

图3-45 http://www.crntt.com/

图3-46 *The Golden Age of Gupta Art: Empire, Province And Influence,* Marg Publications, 1991

图3-47 *The Golden Age of Classical India: The Gupta Empire*, RMN, 2007

图3-48 张理婧摄

图3-49 杨楚斌：《印度洋上的一颗明珠——斯里兰卡》，《中国旅游》第171期，1994

图3-50 John Guy, *Lost Kingdoms*, The Metropolitan Museum of Art, 2014

图3-51 王镛：《印度美术》，中国人民大学出版社，2004

图3-52 John Guy, *Lost Kingdoms*, The Metropolitan Museum of Art, 2014

图3-53 John Guy, *Lost Kingdoms*, The Metropolitan Museum of Art, 2014

图3-54 https://www.metmuseum.org/

图3-55 https://www.clevelandart.org/

图3-56 https://www.clevelandart.org/

图3-57 John Guy, *Lost Kingdoms*, The Metropolitan Museum of Art, 2014

图3-58 John Guy, *Lost Kingdoms*, The Metropolitan Museum of Art, 2014

图3-59 李玉珉：《佛陀形影》，台北故宫博物院，2011

图3-60 *The Golden Age of Classical India: The Gupta Empire*, RMN, 2007

图3-61 刘凤君：《山东佛像艺术》，文物出版社，2008

图3-62 *The Spread of Sarnath-Style Buddha Images*, KEMANUSIAAN

Vol.20, No.2(2013)

图3-63 林保尧编著：《佛像大观》，文物出版社，2009

图3-64 阿尔伯特·冯·勒柯克、恩斯特·瓦尔德施密特：《新疆佛教艺术（上）》，管平、巫新华译，新疆教育出版社，1980

图4-1 《世界美術大全集·東洋編13》，小学館，2000

图4-2 林保尧编著：《佛像大观》，艺术家出版社，1997

图4-3 张宇主编：《天竺之魂：印度古国青铜雕像》，中国对外艺术展览中心，2002

图4-4 《世界美術大全集·東洋編14》，小学館，1999

图4-5 《世界美術大全集·東洋編14》，小学館，1999

图4-6 王镛：《印度美术》，中国人民大学出版社，2004

图4-7 《世界美術大全集·東洋編14》，小学館，1999

图4-8 罗文华编著：《藏传佛教造像》，紫禁城出版社，2009

图4-9 罗文华编著：《藏传佛教造像》，紫禁城出版社，2009

图4-10 潘绍棠、郑觐编：《世界雕塑全集》，河南美术出版社，1992

图4-11 《世界美術大全集·東洋編14》，小学館，1999

图4-12 潘绍棠、郑觐编：《世界雕塑全集》，河南美术出版社，1992

图4-13 王镛：《印度美术》，中国人民大学出版社，2004

图4-14 《世界美術大全集·東洋編13》，小学館，2000

图4-15 《世界美術大全集·東洋編14》，小学館，1999

图4-16 《世界美術大全集·東洋編14》，小学館，1999

图4-17 张宇主编：《天竺之魂：印度古国青铜雕像》，中国对外艺术展览中心，2002

图4-18 西藏文管会文物普查队：《拉萨查拉路甫石窟调查简报》，《文物》1985年第9期

图4-19 罗文华编著：《藏传佛教造像》，紫禁城出版社，2009

图4-20 霍巍：《吉隆文物古迹与蕃尼道上古代中尼文化交流的若干问题》，《西藏研究》2000年第1期

图4-21 四川大学中国藏学研究所等：《西藏阿里札达县帕尔嘎尔布石窟遗址》，《文物》2003年第9期

图5-1 阮荣春提供

图5-2 徐光冀主编：《永不逝落的文明：三峡文物抢救纪实》，山东画报出版社，2003

图5-3 黄文昆等编：《佛教初传南方之路文物图录》，文物出版社，1993

图5-4 曾布川寛：《中国美術の図像と様式》，中央公論美術出版，2006

图5-5 南京博物院等：《江苏盱眙县大云山西汉江都王陵一号墓》，《考古》2013年第10期

图5-6 曾布川寛：《中国美術の図像と様式》，中央公論美術出版，2006

图5-7 李昆声主编：《南诏大理国雕刻绘画艺术》，云南人民出版社、云南美术出版社，1999

图5-8 李昆声主编：《南诏大理国雕刻绘画艺术》，云南人民出版社、云南美术出版社，1999

图5-9 李松、安吉拉·法尔科·霍沃等：《中国古代雕塑》，陈云倩等译，外文出版社、美国耶鲁大学出版社，2006

图5-10 《四川出土南朝佛教造像》，中华书局，2013

图5-11 《山东青州龙兴寺出土佛教石刻造像精品》，中国历史博物馆，1999

图5-12 陈慧霞、李玉珉主编：《雕塑别藏》，台北故宫博物院，1997
图5-13 陈慧霞、李玉珉主编：《雕塑别藏》，台北故宫博物院，1997
图5-14 陈慧霞、李玉珉主编：《雕塑别藏》，台北故宫博物院，1997
图5-15 陈慧霞、李玉珉主编：《雕塑别藏》，台北故宫博物院，1997
图5-16 《東アンコールワットとクメール美術の1000年展》，朝日新聞社，1997
图5-17 John Guy, *Lost Kingdoms*, The Metropolitan Museum of Art, 2014

图6-1 王琳编著：《印度艺术》，河北教育出版社，2003
图6-2 金申编著：《海外及港台藏历代佛像——珍品纪年图鉴》，山西人民出版社，2007
图6-3 《中国石窟雕塑全集2》，重庆出版社，2000
图6-4 袁曙光：《四川省博物馆藏万佛寺石刻造像整理简报》，《文物》2001年第10期
图6-5 《四川出土南朝佛教造像》，中华书局，2013
图6-6 《四川出土南朝佛教造像》，中华书局，2013
图6-7 《中国石窟雕塑全集2》，重庆出版社，2000
图6-8 《邺城北吴庄出土佛教造像》，科学出版社，2019
图6-9 《邺城北吴庄出土佛教造像》，科学出版社，2019
图6-10 费泳摄
图6-11 费泳摄
图6-12 陈慧霞、李玉珉主编：《雕塑别藏》，台北故宫博物院，1997
图6-13 陈慧霞、李玉珉主编：《雕塑别藏》，台北故宫博物院，1997
图6-14 《古都遗珍：长安城出土的北周佛教造像》，文物出版社，2010
图6-15 费泳绘

图6-16 Ian Jenkins: *The Parthenon Frieze*, Cambridge University Press, The British Museum Press, 2002

图6-17 *Katalog der antiken Bildwerke III*, Hirmer Verlag, 2013

图6-18 *Katalog der antiken Bildwerke III*, Hirmer Verlag, 2013

图6-19 Ian Jenkins: *The Parthenon Frieze*, Cambridge University Press, The British Museum Press, 2002

图6-20 *Katalog der antiken Bildwerke III*, Hirmer Verlag, 2013

图6-21 *Katalog der antiken Bildwerke III*, Hirmer Verlag, 2013

图6-22 Delia Pemberton: *The British Museum: Buddha*, Art Media Resources Ltd, 2002

图书在版编目（CIP）数据

印度佛像服饰史 / 费泳 编著. — 武汉 ： 湖北美术出版社，2022.8
ISBN 978-7-5712-1234-6

Ⅰ. ①印… Ⅱ. ①费… Ⅲ. ①佛像－造像－服饰－历史－印度
Ⅳ. ①K883.519.3

中国版本图书馆CIP数据核字(2021)第140790号

出 品 人：陈辉平
策　　划：余　杉
责任编辑：彭福希
责任校对：杨晓丹
技术编辑：李国新
封面设计：杨　蓓
版式设计：左岸工作室

印度佛像服饰史

YINDU FOXIANG FUSHISHI

出版发行：长江出版传媒　湖北美术出版社
地址：武汉市洪山区雄楚大街268号B座
电话：(027)87679525（发行）
(027)87679972（编辑）
传真：(027)87679523
邮政编码：430070
印刷：湖北新华印务有限公司
开本：787mm×1092mm　1/16
印张：21
版次：2022年8月第1版　　2022年8月第1次印刷
定价：320.00元